小学生への
読みがたり 読みきかせ
中・高学年編

企画・編集
この本だいすきの会／小松崎 進・平川政男・石崎恵子

高文研

✸――はじめに

わたしたちの会「この本だいすきの会」は、「いつでも　どこでも　だれでも　読みがたり」を合い言葉に、子どもたちに本の読みがたりを実践しています。

読みがたりの場は、家庭、保育園、幼稚園、小・中学校、高等学校、学童保育クラブが中心ですが、加えて最近では、「出前」と称して老人ホーム、図書館、病院などへも広がっています。

二〇〇三年にはこの、いわば草の根的運動に対して、財団法人・日本青少年文化センターより「久留島《くるしま》武彦文化賞（団体賞）」をいただきました。

この小著は、そういう運動の中で生まれたものであり、二〇〇二年一月に高文研から世に出していただいた、『小学生への読みがたり読みきかせ《低学年編》』の続編です。

わたしたちは、「いつでも　どこでも……」を標榜してきましたが、それが、それぞれ軌道にのるまでには、かなりの時間と努力と工夫を必要としました。とくに、今日の学校の状況は、さまざまな理由でたいへん多忙になり、さらに教師同士、また教師と保護者との関係が複雑になってきています。

そういう中での読みがたり実践は、ややもすると余分なことと誤解されたり、意味のないことと切り捨てられたりして、横への広がりがままならなかったのが実情です。

しかし、人間にとって本との出会いがどのような意味をもっているか、このことについては、さまざまな視点から多くの人によって論じられてきていることであり、子どもと本の出会いの意義についても、実践的に明らかになっております。

そして、読みがたりによって、心を解放し、高揚させ、喜びを体全体で表現している子どもを前にしている幸せ。これは、なににも替えられないと、実践者は例外なく口にするのです。

この小著のわたしたちの実践記録は、そのことを、それぞれ具体的に語ってくれております しょう。

ところで、小学校の中・高学年の子どもたちには、読みがたりを聞く楽しさとはまた違った、「ひとり読み」の喜びも味わわせたいと思います。このひとり読みへの誘いについても、今日の大きな課題ですので、大いに実践し合い、その成果を広めていくことが必要でしょう。

ともあれいま、教師たちに求められていることは、いかにして子どもたちの心を解放し、高揚させるかということ、その一つのてだてが読みがたりであるということを、実践的に明らかにしていくこと。それとともに、子どもが作中人物と出会い、その人物へのさまざまな思い、批評（いわば感性的人間認識）をもつように育てること。

そうして育てられた人間を見る目が、現実の子どもとの人間関係を豊かにしていくことになるのですから。

小著が、そういう教師の仕事に役立つことを、切に願っております。

二〇〇四年八月

小松崎　進

◆——もくじ

※——はじめに　1

Ⅰ　いつでも　どこでも　だれでも　読みがたり

中・高学年になっても読みがたりを！……………小松崎　進

1読みがたりはいつでも楽しい

＊四年生への読みがたり——また、いい思いをしました　11
＊まず、おもしろい本の読みがたりを　14
＊楽しい、美しい詩の朗読　18

2読書への興味をかりたてる読みがたり

＊「努力して本を読みます」——育子と由紀子の場合　23
＊ひとり読みへの誘い　26
＊ひとり読みから集団読みへ　31

3物語は子どもの人間認識を育てる

＊「あや」ってすばらしい！——『花さき山』と四年生　35
＊「身近な人間」と出会う楽しさ——『ズッコケ』シリーズと五年生　37
＊愛の美しさ、強さに感動する——『100万回生きたねこ』と六年生　41

Ⅱ　中・高学年での読みがたり・読みきかせ

この本だいすき——私の読書実践　……　木村育子
＊子どもの心に響く文化　49
＊私の読みがたり　50
＊どろだんご作りの名人・Dくん　52
＊あまんきみこさんへの手紙　56
＊一冊の本がみんなを結ぶとき　58
＊ミセスきむらのブックトーク　61
＊まとめにかえて　64

先生は本がだいすきなんだよ！　……　須田　尚
＊教室には本が千冊！　66
＊始業式の日から読みがたり　67
＊楽しい本も「重い」本も　69
＊生活の中に本が広がるとき　71
＊授業づくりと読みがたり　73
＊読みがたりと子どもたちの成長　76
＊私にもびりっかすさん来るかなあ　78
＊子どもたちと保護者からの手紙　79
＊教室があったかくなる日　81

絵本の楽しさを高学年にも……常川喜代子
＊読みがたりの楽しさにひたる子どもたち　84
＊心を豊かにしていく子どもたち　85
＊本を通じて自分を見つめる　86
＊子どもたちの心に深く刻まれる本　89
＊読みがたりに抵抗したMちゃん　91
＊新しい感動を教えてくれた子どもたち　93
＊時間の確保がむずかしい中で　94
たくさんの宝物を与えてくれる読みがたり……奥田みよか
＊はじめの第一歩　97
＊自分を好きになりたい　99
＊母と子で共有するすてきな時間　101
＊本の世界をみんなで楽しむ　104
＊子どもたちがつけた私の成績表　108
本から入って出口はいっぱい……角　淳子
＊出会いの日に読んだ本　111
＊一日のスタートを読みがたりで　113
＊子どもたちが熱中してブームに　115
＊教科学習の中で生きる本　118
＊続きが待ち遠しい本　119
＊子どもたちの活動の中で生かされる本　121

忙しい毎日の中で私の工夫……日高良子
＊何歳になっても読みがたり 124
＊読みがたりを支えてくれた子どもたち 126
＊荒れていた子どもたちが変わった 128
＊一年生に読みがたる六年生 130
＊読みがたりタイムの工夫――給食の時間に 132
＊読みがたりタイムの工夫――道徳、図書の時間に 133
優れた作品が生みだすはずむ心……石崎恵子
＊感動のバトンタッチ 137
＊「耳から読む」となお楽しい 140
＊忙しくても、やっぱり読まなくては！ 144
＊クラスの財産となった『のんびり転校生事件』 147
＊優れた作品は子どものはずむ心を生む 151
＊ひとり読みと読みがたりを織りまぜて 153
読みがたり――うれしくて、うれしくって……鈴木敬子
＊アンバランスな精神構造をした子ども 156
＊心を通わせる一冊の本 157
＊高学年になっても絵本だいすき 160
＊娘が高学年になって――長編だけど短編に思える本 162
＊ノンフィクションを子どもたちに 165

子どもたちとの出会いから考える読みがたり……堀川恵子
＊高学年なりに味わえる絵本の魅力 169
＊読みがたりの原点にもどって 172
＊作品の力に支えられて 173
＊子どもたちからもらった不思議な力 175
＊今こそアフガニスタンを考えよう！ 177
＊心に届く言葉を求めて 181

Ⅲ 聞き手から読み手にもなった子どもたち

六年生への一年間の読みがたりで見えてきたもの……平川政男
1 教室での読みがたり 187
2 おじいさん、おばあさんへの読みがたり 197
✿ 一つのブックリスト 209
✳――あとがき 221

装丁＝商業デザインセンター・松田　礼一
章扉・本文イラスト＝いそ　けんじ

I　いつでも　どこでも
だれでも　読みがたり

中・高学年になっても読みがたりを！

小松崎　進

1 読みがたりはいつでも楽しい

◆◆四年生への読みがたり――また、いい思いをしました◆◆

千葉県のある小学校の四年生の保護者から電話が入りました。今年も子どもたちに本を読んでもらいたいと。

「去年、三年生の時には『3びきのかわいいオオカミ』（トリビザス　文　オクセンバリー絵　こだまともこ　訳／冨山房）と、『コッケモーモー』（コンテ　文　バートレット　絵　たなかあきこ　訳／徳間書店）『もっちゃうもっちゃう　もうもっちゃう』（土屋富士夫　作・絵／徳間書店）を読んでもらったので、今年は別の本がいいです」と、いいます。

子どもたちに本を読んでほしいと依頼されると、「はて、どうしようかな」と考えてしまいます。というのは、クラスや学年の子どもたちに本を読みがたるのは、担任教師や学年の教師の仕事ではないかと、まず考えるからです。

なぜなら、本を読みがたる行為は、一つには、子どもたちをわくわくさせたり、どきどき、はらはらさせる、つまり、精神の高揚、情動をはかり、こころを解放することでありましょう。そして、二つには、ことばを獲得させ、想像力を育てることにあります。

こういう子どもへの働きかけこそ、教師の仕事ではないか、それを他の人に委ねるのは教育の放棄ではないのかとさえ思っているからです。

加えて、読みがたりは、読み手としての教師と聞き手の子どもが、楽しい世界を体験し合う、その世界を共有することです。そして、そのことで両者がよい形で繋がるという、この上ない喜びをもたらしてくれる、そんな大事な営みだからです。

しかし、今回も重ねての懇願に承諾の返事をしてしまいました。実は、永年教師をしてきて、読みがたりの醍醐味をたっぷり味わってきたわたしは、またもや、その喜びに浸りたいという欲望に勝てなかったというのが、正直な気持ちだったのかもしれません。

さて、あの子どもたちは、どういう顔をして会場にいるのだろうか、去年の話を覚えているのだろうかと、胸をわくわくさせながら会場に入りました。

いました、いました、あの子どもたちが。なんといい顔でしょう。みんなにこにこ顔でわたしを迎えてくれました。

「しばらくだったね。元気だったかい?」と、声をかけました。

「げんき、げんき」の声が返ってきました。

さて、今年は、「鬼の話」です。「鬼」について知っていることを言ってもらってから、読みがたりに入りました。

『だごだごころころ』(石黒渼子・梶山俊夫　再話　梶山俊夫　絵/福音館書店)。

ころころ転がった団子《だんご》を追いかけ、鬼の住んでいる所へ行ったおばあさんが、おもしろいしゃもじをもらってくる話。赤とんぼがなぜ赤くなったのかのいわれ話でもあります。

続いて『島ひきおに』(山下明生　文　梶山俊夫　絵/偕成社)。

どんなに人とつながりたいと努力しても邪険に扱われ、とうとう追放されるなんともむなしい鬼の話です。こういう鬼もいる、この話、実は相手にされない人間の話なのかもしれません。

そして、『ソメコとオニ』(斎藤隆介　作　滝平二郎　絵/岩崎書店)。

誘拐したはずの少女に逆に翻弄される、おかしな、おかしな鬼の話。

そのあと、浜田広介作『泣いた赤おに』(梶山俊夫　絵/偕成社)を読もうと思ったのですが、この話はかなり長く、時間がないのであきらめ、日本昔話「鳥のみじい」を語って終わりました。

この間、約四〇分。子どもたちは、本当によく聞いていました。終わった時の、満ち足りた表情、いま、ここにいることを忘れて、放心状態になっている子どもたち。担任の「お礼をいいましょう」のことばに、はっとわれにかえり、あわてて「ありがとう」をいい、はねるようにして会場から出て行きました。

このあと、保護者に少しお話をしたのですが、子どもたちへの読みがたりは、聞き手ばかりか、読み手のわたしのこころもたかぶらせてくれました。「幸せ」を感じさせてくれました。

この「こころのたかぶり」「幸せ感」を子どもたちの担任教師こそ味わうべきでしょう。わたしは、大変な「得」をしましたが、読みがたりをしない教師は、「大損」をしているのではないでしょうか。

◆まず、おもしろい本の読みがたりを◆

わたしは、永い間、小学校の教師をしてきました。その間、考え続けてきたことは、体育の好きな、得意な教師のクラスの子どもたちは、ほかのクラスの子どもたちに比べて体育がとくに好き、クラス全体の技量も上々、絵の好きな教師に受け持たれている子どもたちの絵は、ほかのクラスの絵とひと味違う。つまり、子どもたちは、いかに担任教師の持っている興味、関心、特技に影響されるか、ということです。このことは、いうまでもなく、だれもが認める自明の理でしょう。

ですから、子どもたちを本好き、読書好きにするには、まず教師自身が本好きになることと、とくに、子どもの本がおもしろくて仕方ないと思うようになること、このことが基本ではないかと考えています。

さて、子どもの本を多く読みがたっている教師は、さきに紹介した『3びきのかわいいオオカミ』を、「これこそおもしろい本」と声高に話します。そして、子どもたちの反応を得意げに語ります。

この物語は、だれでも知っているイギリスの昔話「三びきのこぶた」の逆さ話といいますか、悪い大ぶたが、三びきのオオカミが建てた煉瓦《れんが》、コンクリート、鉄筋の家を次々にハンマー、電気ドリル、ダイナマイトで壊してしまう、さらに、最後の花の家も吹きとばそうとしますが、ふわっと鼻の穴に入った花の甘い香りに驚き、ぶたの心がだんだんやさしくなっていく――という話です。

子どもたちは、オオカミたちが、考えに考え、一所懸命建てた家が次々に、それも想像もしなかったもので壊されていくことに、大きな奇声をあげ、最後の場面ではほーっと長い息をはきます。

今度は、家やオオカミはどうなるのか、こういうことがいつまで繰り返されるのかと、話の展開に息をつめ、手を握りしめて聞く、すると、まったく思いもよらないことが起こる、その連続に子どもたちの心はすっかりとりこにされてしまうのです。

この『3びきのかわいいオオカミ』を幼稚園児に読んだ、そして子どもたちは大喜びだったという報告もあるくらい、どの学年、年齢たちにも大受けですが、一応中学年からと押さえておきたいと思います。

『おさる日記』（和田誠　文　村上康成　絵／偕成社）は、四年生のしんちゃんの日記です。しんちゃんは、外国航路船のパーサーのお父さんから子猿を土産にもらいます。ところがこのもんきちという子猿、毛は抜け、尻尾も短くなる、キャッチボールもできるようになる、テレビのチャンネルも替えられる、さらに「しんちゃん」と呼んだりする。お父さんが帰ってくれば、「パパ」と。

朝、しんちゃんは、お父さんとお母さんのひそひそ話をぼんやり聞く。「おかしなこともあるもんだな」とお父さん。お母さんは「ほんと、それにこんなふしぎなことが、二どもおきるなんて」――。

「ふん、ふん」と聞いていた六年生。だんだん顔がひきしまってくる、異様な雰囲気。そして、最後の「落ち」に奇声を発します。

この作品を扱った四年生の実践もありますが、この「落ち」がわからない子どもが多いとか。ですから、さらに高学年対象の作品といえましょう。


『3びきのかわいいオオカミ』も『おさる日記』も、いわゆる「おもしろい作品」で、子どもたちを喜ばせます。

このようなおもしろい作品に出会わせる。いずれの学年でも、読みがたりのスタートは、「おもしろい作品」です。そのことで、子ども自身が話のおもしろさを充分に自分のものにする。そのことがとても大事なことだと考えています。

ところで、子どもたちは、物語のなにに魅せられるのでしょうか。それは、いろいろあるでしょうが、なんといっても、まず「話の展開のおもしろさ」でしょう。次はどうなるか、次は、と予想したり、期待したりして、話の展開を追って楽しむ、そして「なるほど」「そうだよな」「思ったとおりだ」と納得する。ところが逆に思いもよらない、予想をくつがえされる意外な展開がくりひろげられる、それにかえって喜びを感じる。と、いわば、心をたかぶらせながら話を追う楽しさにあるでしょう。

話の展開――それは、登場人物の行為・行動の展開です。ある状況（場面といってもよい）の中で、物語の登場人物がなにを考え、どう行動したか、次の状況の中ではどうだったか、その連続であるわけで、「展開を追う」というのは、人物の行為・行動を追うわけです。

ですから、物語のおもしろさは、登場人物の動きがありありと目に見えるように描かれていなければなりません。ここに、おもしろさの重要な要素があります。

◆楽しい、美しい詩の朗読◆

学校の研究発表会などで、詩の群読を聞く機会が増えています。四年生の「おとなマーチ」（阪田寛夫）、五年生の「なまけ忍者」（庄司武）、六年生の「生きる」（谷川俊太郎）などと。これらの指導過程はわかりませんでしたが、子どもたちは、楽しそうに身体をゆすりながら歌ってくれました。

最近、詩の朗読（読みがたり）をする教師が増えてきました。これは、うれしいことです。子どもたちにことばのもつ響きの心地よさ、美しさを体感させる機会が多くなったということですから。

はじめは、「ヤダくん」（小野ルミ『半分かけたお月さま』／かど創房）のようなおもしろい詩を教室に掲示し、楽しく読みがたりすることでしょう。

ヤダくん　やだやだ　いやだ　やだ
べんきょう　おつかい　はやおきも
やだやだ　やだやだ　まっぴらだ
やだやだ　ヤダくん　あまのじゃく
（以下二、三、四連　略）

また、さきにあげた「なまけ忍者―それはもうひとりのぼく―」（庄司武『トマトとカラス』／かど創房）。

ぼくの　おへやの　すみっこに
なまけ忍者が　かくれてる（以下　略）

こういう詩からスタートです。
わたしも、「きょうは、詩を読むね」といって、かなり読みました。こういうことばを添えたこともあります。

「先生ね、田舎で生まれて育ったんだよ。太陽が西の山の向こうに沈みかけたころ、大勢でいっぱい遊んだことがうれしくってね、みんなでワイワイどなりながら帰ったんだ。そのころ、次の詩があったら、みんなで歌ったな、きっと」

そして「夕日がせなかをおしてくる」（阪田寛夫『ぽんこつマーチ』／大日本図書）を読む。

夕日がせなかをおしてくる／まっかなうででおしてくる／歩くぼくらのうしろから／でっかい声でよびかける／さよなら　さよなら／　さよなら　きみたち／ばんごはんがまってるぞ／あしたの朝ねすごすな（二連　略）

繰り返し読んでいくうちに、子どもたちも声に出しはじめる。いつの間にか声を合わせている。そこで、群読させます。前半を少人数で、後半を全員でと工夫するとおもしろいでしょう。

過日聞いた六年生の「生きる」の群読は、各連のはじめの二行、「生きているということ／いま生きているということ」は少人数で、ほかをクラス全員でという方法でしたが、これも工夫されていると思いました。

「いま生きているということ」はなんなんだ、どうなんだと、強く印象づける方法ですから。いずれにしても、子どもたち自身の朗読、群読にいたるまでの教師の朗読を重視したいと思います。

そして教師のとりあげる詩は、「ことばのおもしろさをうたった詩」「自分、友だちや家族との人間関係をうたった詩」「自然をうたった詩」「社会をうたった詩」とさまざまですが、それぞれ、学年に応じたものを選んで、日常的に朗読することが必要でしょう。

わたしは、六年生の二学期末、子どもたちに詩を一点か二点、拾ってくる、そして、それぞれに自分がなぜこの詩を選んだか短文を添える、という課題を出しました。

実は、子どもたちが拾ってきた詩群の中で、多くの子どもたちに評価された詩を、卒業式に群読させようとひそかに考えていたのです。

一〇〇近い詩群、子どもたちはそれぞれ朗読し、選んだ思いもつけ加えます。毎日少しずつの発表です。それは、三学期にも続けられましたが、一月末、「今までみんなが選んだ詩の中で、とくに心に残っている詩は？」とたずねました。これも簡単にはまとまらなかったのですが、何日か続けて、最後に残った詩は、高田敏子「いち日に何度も……」でした。

お母さん
いち日になんどもあなたの名を呼んで

月日は流れる
小さな悲しみも　あなたに告げて
小さな喜びも　あなたに告げて
私たちは育った
お母さん　こおろぎが鳴いている
もう　秋なのね　お母さん（二連　略）

この詩は、中学生むきの合唱曲の歌詞として書かれたそうですが、それに、秋の歌でもあるのですが、卒業式当日、子どもたちは、声をはりあげず、静かに群読しました。目がしらをおさえるお母さん方がたくさんいました。

教師の詩の朗読（読みがたり）は、子どもたちのことば感覚を育てます。ことばのもつ美しさ、やさしさ、厳しさ……それは朗読の繰り返しによってです。そして、詩のおもしろさ、楽しさに目覚めた子どもたちは、いつか自ら詩集をひろげるようになります。

2　読書への興味をかりたてる読みがたり

◆◆「努力して本を読みます」――育子と由紀子の場合◆◆

五年生の渡辺育子は、体育の時間になると、がぜん元気になる子どもでした。学年全体で走力のもっとも優れた子どもでしたから、体育のある日は朝から顔つきが違っていましたし、運動会が近づくと、暇さえあれば走りまわっていました。

本を読む生活など、まったく考えられない子どもでしたが、四月半ばごろから、ぼつぼつ本を手にする姿が見られるようになりました。

始業式の翌日からのわたしの読みがたりが続きます。五月三〇日の育子の日記です。

《お母さんに、読書カードを見せた。お母さんが、「こんなに読んだの」と言ってくれた。私は、本を読むのがにがてだ。でもなんとか、もうすぐで、読書カード一まいがおわる。でもみんなは、なんまいもおわっている。

私は、なるべくみんなにおいつけるように、このごろすこしながい本を読みはじめた。そしたら、お母さんが、二〇さつよんだらあたらしい本を買ってくれるとやくそくしてくれた。私は、すこしうれしかった。それにこのごろ、本のおもしろさを知ったからです。これからもがんばって、本をなるべく多く読むようにする。》

育子の読書意欲を支えていたのは、母親に本を買ってもらえることと、「このごろ知った本のおもしろさ」でしょう。加えて負けず嫌いの育子です。みんなについていきたい、負けたくないという意地もあります。「本のおもしろさを知った」といっていますが、まだまだ本物ではありません。「がんばって、本をなるべく多く読むようにする」といっているのですから。

育子の友だち、片岡由紀子も、『ちびっこカムのぼうけん』(神沢利子　作　山田三郎絵／理論社)の読みがたりを聞いたあとの日記に、

《『ちびっこカムのぼうけん』でいちばんいいところは、やっぱりお父さん、お母さんとカムがあうシーンです。思わずなみだボロボロです。先生、あまりそんな本読まないでね。わたし、すぐボロボロだから(略)と書きながら、「私、本、だーいすきになりそうです。本、たくさん読むようにどりょくします》と結んでいます。

育子も由紀子も、いや、ほかの子どもたちも、五年生になるまで本を手にする、本を読

んでもらうことがほとんどありませんでした。

わたしは永い間、子どもたちに読みがたりをしてきました。子どもたちは、なによりも本を読んでもらうことが、だいすきでした。

本来、子どもは話の世界が好きです。子どもばかりではありません。大人もです。しかし、その世界が知らされていなければ話は別です。育子たちは、不幸にして楽しい話の世界で遊ぶことを知りませんでした。

この子どもたちに最初に読みがたったのが『ちびっこカムのぼうけん』だったのです。

――ちびっこカムは、病気のお母さんのためにイノチノクサを採ろうと、また、火の山の大男ガムリイの魔法で鯨にされてしまったお父さんを救い出すため、幼馴染《なじみ》のトナカイを連れて火の山に登る。そして、多くの危険をくぐりぬけ、遂にイノチノクサを手に入れ、ガムリイと対決する。そして、父をたずね、怪物三兄弟をやっつける――という骨太で起伏に富む壮大な冒険物語です。

本来なら、中学年で出会って欲しい物語ですが、とにかくここから出発しました。そして、子どもたちは、物語のおもしろさに酔ったのでした。

子どもは、本のおもしろさ、楽しさを自分だけの力で得ることはなかなかできません。多くの子どもの中には、偶然、まったく偶然本を手にして、その魅力にひかれる子どももいないことはありません。しかし、それはまったく稀なことです。だれか、そばにいる者の手渡しが必要です。この手渡し役になるのが、家庭では父母であり、学校では教師です。

◆◆ひとり読みへの誘い◆◆

一、二年生はまだとして、三年生、四年生になったら、本を自分で読むようにしたい、「読みがたりの世界」から「ひとり読みの世界」に変わって欲しいと、だれもが望みます。

かつては、子どもの読書生活は、「読みきかせ」から出発し、時間がたつにつれてその領域が少なくなっていき、かわりに「ひとり読み」の世界がひろがっていく、そして、やがて「ひとり読み」だけになる、と考えられていました。

つまり、子どもの読書生活はいわば一本柱だったのです。しかし、考えてみると、いくつになっても、かなりの年齢を重ねても読んでもらうことの心地よさ、楽しさは決して消えません。

ですから、このごろは「読みがたりの柱」と「ひとり読みの柱」と、二本の柱がある。読みがたりは続けられるだけ続けた方がよいという考え方が、あたりまえになりつつあります。

だからといって、いつまでも「ひとり読み」の魅力――こっそり話の世界と出会う喜び、楽しさを知らせないで放っておくのはもったいないです。

そこで、「ひとり読み」への誘いが考えられます。

①子どもの本や、子ども読書についての話を時々する。

▼だれかが本を読んでいるのを見かけたとき――
「千代子、きのう『魔女になりたいわたし』（長崎源之助　著　山中冬児　絵／童心社）、読んでいたね。先生も読んだよ。おもしろかったねえ。どこまで読んだの？　あと、ちょっとか！」と、話す。

すると、決まって二、三人が休み時間に本を貸してくれと千代子のところへ行く。四年生の藤田千代子には、長崎源之助の作品をいくつか紹介する。

▼休み時間、岩崎正宏（五年生）が厚い本を読んでいます。次の時間のはじめ――
「正宏、さっき何読んでたの？」

「『竜太と青い薔薇』（松原秀行　作　ますむらひろし　画／福音館書店〈絶版〉）」

「青いバラ？」

「そう」

「正宏、その本、表紙だけでいいから、みんなに見せてやってくれないか!」

正宏は、机の中から出してみんなに見せる。

「ありがとう。よし、先生も読むぞ!」

▼図書室へ足を運ばせる——
「きょう、図書室に新しい本が、なんと六〇冊入ったぞ。とびきりおもしろい本ばかりだ。これは、その中の一冊だが『グリックの冒険』(斎藤惇夫 作 薮内正幸 画/岩波書店)、これはおもしろい。これに続く『冒険者たち—ガンバと15ひきの仲間—』、『ガンバとカワウソの冒険』もおもしろい。『冒険者たち』は、どうしても読んでもらいたいと思っている」

とにかく、本の話をさりげなくする。このことは子どもたちのこころを動かすこと請け合いです。

②やや意識的に働きかける。
▼ひとりが読んでいる本をみんなに知らせる——
「紀子、いま、なに読んでますか?」と聞いて、読んでいる本をみんなに知らせる。

これは、授業の終わりや、「帰りの会」にひょいと聞くとおもしろい。これはメモし、指名する子どもが片寄らないようにします。

また、時どき、「いま読んでいる本、読みたいと思っている本」を一人ひとりに発言させてノートに書き込む。

子どもによっては、いまは読んでなかったり、次の本が決まってなかったり、あるいは知られたくなかったりする場合もあります。それはそれでよい、無理強いは禁物です。

▼「○月、わたしの好きな三冊の本」の発表――

月のはじめ、前月のベストスリーを発表する。

◆神谷太（六年生）

1．のんびり転校生事件（後藤竜二　作　田畑精一　絵／新日本出版社）

2．算数病院事件（同じ）

3．――

太は、二冊しか書いていません。わけを聞くと、「この二冊にくらべたらあとの本はおもしろくない」と前置きして、次のように語ってくれました。

『のんびり転校生事件』の［あとがき］を読んだら、『算数病院事件』というのが、十年前かな、前に書かれていて、登場人物が同じだというから読んでみたんです。すごくおもしろかった。この二冊にくらべたら、ほかの本なんか、おもしろい本に入らない」

この『のんびり転校生事件』は、同じ作者の『魔球』（金の星社）や、『キャプテン』シリーズ〈全三巻〉（講談社）に夢中になっていた太たちが、待って、待って、待っていた作品でした。ですから、ほとんどの子どもたちが「三冊の本」の中で推薦していました。

この「三冊の本」は、学級通信に載るので、子どもたちは、異常な関心を示すようになります。

寺門大高が、『竜のいる島』（たかしよいち 作 太田大八 絵／理論社）をその一冊にあげると、福代敏弥が、磯部隆史が、菅野宗法が、大高の席へ行って、あれこれ話をはじめる。そのうちに、肩を叩き合ったり、握手し合ったり、うなずき合ったりする。つまり、読書は、体験であるわけですから、同じ世界を体験し合ったもの同士の、共感、連帯、そして親密さを覚えていくわけです。

この「三冊の本」の中には、わたしが読みがたった本もあがってきます。子どもたちの強い要求で、遠足の電車の中でも読んだ『二分間の冒険』（岡田淳 作 太田大八 絵／偕成社）もその一冊。おもしろさにつき動かされて、同じ本をひとり読みする子どもがほとんどですが、読まずにこの一冊を加える子どももいます。それぞれでよしとします。

なお、一、二年生向きの本を選び出す子どももいますが、この場合も大いに認めてあげます。

◆M——『こまったさんのスパゲティ』『こまったさんのカレーライス』『こまったさんのハンバーグ』（いずれも、寺村輝夫　作　岡本颯子　絵／あかね書房）

◆S——『おおきなきがほしい』（さとうさとる　作　むらかみつとむ　絵／偕成社）『三びきのやぎのがらがらどん』（北欧民話　ブラウン　文・絵　瀬田貞二　訳／福音館書店）『かたあしだちょうのエルフ』（おのきがく　文・絵／ポプラ社）

Mは、料理のだいすきな子どもだし、Sは、漢字の多い文章は苦手な子ども。このように自分の興味や力に応じた本選びをすることも大事ですし、それはそれとして認めるのですが、むろんそのままにしておかない方がよいと思います。また、同じ傾向の本ばかり読んでいる子どもには、ちがう世界があることを知らせていくことも大事でしょう。

◆◆ひとり読みから集団読みへ◆◆

水島寿子は、足の長い、体の大きな女の子でした。長い髪をおさげにして、大きな声で笑う明るい子でした。

五年生の三学期、わたしは、『長くつしたのピッピ』（リンドグレーン　作　大塚勇三　訳

桜井誠　絵／岩波書店）を読みはじめました。

ごたごた荘で仲よしの馬とサルといっしょに、好きなときに食べ、寝て、学校へも行かない自由気ままに暮らしているピッピ。しかも、この女の子は、馬を持ち上げるほどの力持ちです。

さあ、あっという間に、ピッピは女の子たちの憧れの主人公になってしまいました。ところが、読み進めていくうちに、クラスの女の子たちの眼が、ときどき寿子に注がれることに気づきました。それも、一人や二人ではないのです。それはいくぶん遠慮しがちでしたが。

なんだろう、子どもたちは、寿子にピッピを重ねているのだろうかとも思いましたが、子どもたちの要望に応えて、一〇分が一五分に、一五分が二〇分にと読みがはずみました。

ある日、とうとう二、三人の子どもが、チャコちゃん（寿子）は、ピッピに似ている、チャコちゃんをピッピと呼びたいといい出しました。わたしは、寿子の承諾があればといったのですが、案の定、寿子は「わたしはチャコでピッピじゃない」と。しかし、再三の懇願に、とうとう承諾します。

寿子は、そう答えておいて、ピッピの本を全部読もうと決意します。そして、それからが大変。女の子数名が、寿子の読むピッピの本を読み、おしゃべり会をもったのです。名づけて「ピッピの会」。

ピッピの本は、『ピッピ舟にのる』『ピッピ南の島へ』と続きますが、寿子たちはこの三冊を読み合い、さらに同じ作者の『やかまし村』シリーズへと手を伸ばします。

わたしの読みがたりは、一冊だけにし、次に『エーミールと探偵たち』（ケストナー　作　トリヤー　絵　高橋健二　訳／岩波書店）をとりあげたのですが――汽車の中で大切なお金を盗まれたエーミールは、ベルリンの少年たちの協力を得て、怪しい山高帽の男を追いつめる話に、男の子たちが夢中になり、また異変がおきたのです。

吉野雅則たちは、ケストナーの作品を読もうと、女の子たちに対抗して、おしゃべり会「ケストナーの会」を作ったのです。

読書は、「密室での作者との対話」などともいわれています。自分の気に入った本を誰にも邪魔されず、一人で読むことの楽しさ、満足感を一人ひとりに味わわせたいとも思います。クラスの何人かは、今自分が読んでいる本を他人に明かしたくないとはっきりいいます。それはそれとして大事なことですが、同じ本をめぐって話し合うことも楽しいということも、子どもたちに知って欲しいと思っていました。ですから、おしゃべり会の出現に、わたしは大喜びしたのです。

同じ作品を読んだもの同士は、体験の共有者ですから、話がはずみます。学級会などの話し合いとはちがって、ちょっとした感想をいうだけでいい、ほかの人の話を聞くだけでいいのですから、楽しさこの上なしだったようです。

ただ、残念だったのは、男女間のおしゃべりに発展しなかったことです。男の子たちはピッピをどう読んだか、女の子たちはエーミールをどう思ったか、その交流会にまでいたらなかったのは、わたしの指導力の不足の結果であったのですが、本当に残念なことでした。

おしゃべり会を作って楽しむことまではなかなか望めません。四月から毎日欠かさず読みがたりを続けてきたこと、途方もなくすてきな主人公との出会い、そして、たまたまピッピに似ている子がクラスにいたということが導火線になったのだと思います。

加えて、息づまるような少年探偵団の活躍が油を注いだのだろうと思います。

ひとり読みから集団読みへ、クラスの実態にあった道筋を探し出す必要があるだろうと思っています。

3 物語は子どもの人間認識を育てる

◆「あや」ってすばらしい！──『花さき山』と四年生◆

わたしは、子どもと本のかかわりを、教師や父母から聞くことが好きです。どんな本をどんなふうに読んだら、子どもたちはどうだったかという話を、わくわくしながら聞くことがとても楽しみです。そこに、自分が居合わせているかのように思えてくるからです。

『花さき山』（斎藤隆介 作 滝平二郎 絵／岩崎書店）を、ご自分のお子さんのいる学校の四年生の子どもたちに読んだお母さんの話にも胸打たれました。

『花さき山』について、作者は次のように語っています。

《咲いている花を見ると思う。

この花を咲かせているものは一体なんなのだろうか──と。（略）

私は、「けなげな風景」には弱い。テレビなど見ていても、小さなものが、もっと小さいものを、「あれは自分より小さいんだから」──と自分に言い聞かせて、ジッと辛抱している風景など見ると、アフッとあやうくせぐり上げてしまいそうになる。（略）》

この作者の思いの結晶が、この作品であるわけですが、この『花さき山』を四年生に読みがたりしようとした時、お母さんは、迷ったといいます。

「一杯に自分のために生きたい命を、みんなのためにささげることが、自分をさらに最高に生かすことだ」（作者のことば）という、いわば献身とも自己犠牲ともいえる作品の主題、思想が、果たして四年生にどのように伝わるのだろうか――。

「献身、自己犠牲のテーマの本は、今の子どもたちには受け入れられない。まして、この本は、大人が好む絵本だ、と聞いているので、いままで学校では読んだことのない本でしたが、担任の先生から、『一〇歳という純粋でまっすぐなこの時期だから、今体験してもらいたい』と希望され、自分もだいすきな作品でしたのでチャレンジしました」と、お母さんは語ります。

お母さんは、まず子どもたちに「生まれてすぐのことを覚えている人？」と質問します。そのあと、高階杞一の詩「誕生」を読んで、『花さき山』をゆっくり読みがたります。そして、印刷した「誕生」の詩を一人ひとりに配って、何も言わずに教室を後にしたのです。

水をうったように静まりかえった教室、作品の涙を流す双子のお兄ちゃんに見いる目……。

お母さんは、家路を歩きながら考えます。

「生命を授かったその時点で、どの人もみんなそのままで大切な役割を担っている。八郎や三コのように、高い壁は乗り越えられそうにないけど、今日この日の目の前にある壁を、あやと一緒に自分も乗り越えられるんだ。そんな小さな勇気とやさしさをどの子もすでに持っているんだ。四年生の教室にいた一人ひとりの子どもの中に美しい花さき山はあったんだ」と。（このおかあさん、大塚千絵さんは、埼玉県杉戸町の方で、「この本だいすきの会久喜支部」の例会で勉強されています。）

さて、小学校も高学年になれば、ただおかしい、おもしろい作品ばかりでなく、自分たちの生活や生き方に関わるものにも出会わせたいと考えます。

『花さき山』のあやは、やまんばに花さき山の花がどのように咲くか教えてもらいますが、村の人たちは、あやの話を本当にしてくれない。夢を見たんだろう、狐にばかされたんだろうと笑われる。

「けれども　あやは、そのあと　ときどき、『あっ！　いま　花さき山で　おらの　花がさいてるな』って　おもうことが　あった」

この最後の一文は、高学年の子どもの体の奥の奥に染み込んでいき、いつの日か、ふっと思い出され、自分のしていることと結びつくのかも知れません。

◆◆「身近な人間」と出会う楽しさ――『ズッコケ』シリーズと五年生◆◆

五年生に『それいけズッコケ三人組』（那須正幹　作　前川かずお　絵／ポプラ社）を読みました。

度の強い眼鏡をかけた「ラッキョウ型の顔」のハカセこと山中正太郎、運動万能、だが勉強嫌いのハチベエこと八谷良平、おっとり、気の優しいモーちゃんこと奥田三吉、この六年生三人の学校生活が、テンポの速い文章で展開し、子どもたちを物語の世界に引きずり込んで、決して離してくれません。

加えて、前川かずおの描く三人像がおもしろく、この三人は、あっという間に子どもたちの友だちになってしまいました。そして、子どもたちは、次つぎに出版される『ズッコケ』シリーズを奪うように読みまわしました。さらに、二学期には、たくさんの感想文が書かれました。

《ぼくは、「ズッコケシリーズ」がすきです。まず、三人のとりあわせがおもしろいです。ハカセは、トイレの中ではさえますが、外に出るとにぶくなる。いろいろなことをしっているわりには成せきがそれほどよくないということがおもしろい。ぼくのクラスのAににています。ハチベエは、動くことがだいすきで、動きが早い。モーちゃんはスローモーだけどやさしい。ハチベエもモーちゃんも、ぼくらのクラスにいます。三人がとてもみじかにかんじます。

この三人がいろいろなじけんにまきこまれますが、ぼくたちは平気です。なんとかなってしまうからです。じけんといえば、ぼくたちが思ってもみないことが多いのですが、読んでいってあまり考えこまなくてもすむことばかりなので、安心していられるというか、たいしたことないよと思っていられるところがいいです。》（井口康一郎）

この「ズッコケ」のおもしろさの一つは、三人三様の性格が、その行為、行動によって、鮮やかに描写されていて、しかも、身近な存在としてとらえられることでしょう。「ハカセはぼくのクラスのAににています」とか、「ハチベエもモーちゃんも、ぼくらのクラスにいる」というふうにです。

わたしは、うちのクラスのハカセはだれだろう、Aとは？　ハチベエやモーちゃんはだれだろうと、笑いながら子どもたちを見まわしたことを、今でもはっきり覚えています。ところで、この三人の人物の行為、行動を読みながら、自分のクラスにもいる、いわば身近に存在している人物、自分たちとあまり変わらない人物としてとらえる読み手と、それを認めながら、さらに別の人物像を求める読者もいます。

さきにとりあげた『ちびっこカムのぼうけん』のカムは、子どもたちの身近にいない人物です。クラスの誰かを思い浮かべるのではなく、自分にないもの、自分にもあってほしいものをもった人物として登場しています。

《岩崎くんからかりてズッコケを読んだ。おもしろかった。またかしてくれるというのでたのしみにしている。

ズッコケのおもしろさは、三人が、ぼくらのみ近にいる友だちのように思えることだ。（略）それに、あまり考えずにすーっと読めることだ。

後藤竜二さんの『のんびり転校生事件』のような本は、このとき、ぼくならどうするだろう、この人のやったことはどうだろう、と気にもなり、考えちゃうところがあって、そうなると、ちょっと面どうくさい気もするが、ズッコケにはそれがない。

先生が、『グリックの冒険』を読んでくれたとき、グリックが北の森をめざして、苦しいたびをつづけていく、その苦しみというか、目的にむかってつきすすむこんじょうにびっくりし、からだがぎゅっとひきしまった。ぼくは、同じ作者の『冒険者たち』を読むつもりだ。》（祖川崇）

学年が進むにつれて、作中の人物に対する子どもの評価がちがってきます。このことは、当然のことですが、わたしたちは、そのちがいに気づき、それへの対応を考えていく必要がありましょう。『ズッコケ』のおもしろさを認めながらも、それに満足せず、『グリックの冒険』や『冒険者たち』を読みたいという思いを大切にしたいのです。

前述の「ひとり読みへの誘い」で紹介しましたが、後藤竜二作『のんびり転校生事件』と『算数病院事件』に比べたら、ほかの本はおもしろくないといい切った神谷太のことばを思い出します。

神谷のとりあげた二冊に登場してくる人物は、「いま」「自分たちと同じような学校生活」をしています。その中で、いじめられる転校生を「ぶりっこ」と冷やかされながらも必死でかばう鉄二、また、算数のできない子が入れられる病院に入った鉄二たちと、とも子先生との交流、そこには、正義とはなにか、友情とは、自尊心とは、そして本当の愛情とはなにかが語られ、子どもたちの心を熱くします。

人間の生き方が巧みに語られている作品に子どもが出会って、感想を持ったとき、あるいは、その作品を良しとしたとき、その作品がほかの子どもにも読まれるようなてだてを考えていきたいと思います。

◆愛の美しさ、強さに感動する——『１００万回生きたねこ』と六年生◆

六年生の二学期、『１００万回生きたねこ』（佐野洋子　作／講談社）を読みがたりました。

——「ねこ」は、はじめ戦争の好きな王様の猫でした。次は、船乗りの猫になり、サーカスの手品遣いの、泥棒の、おばあさんの、小さい女の子の猫と、死んでは生まれかわる、いわば「飼われる猫」でした。

やがて、「ねこ」は、誰の猫でもない、自分の大好きなりっぱな野良猫になります。どんなめす猫も「ねこ」といっしょになりたがりますが、気位の高い「ねこ」は相手にしません。

ところが、たった一匹、「ねこ」に見向きもしない、白い美しい猫がいます。「ねこ」は、その猫のそばにいようとするがなかなか相手にされない。そのうちに、白い猫はその申し出を受ける——。

ゆっくり読むうちに、教室は水を打ったように静かになり、身体を動かす子どももいません。ただ前方を凝視しています。

一番前の席の吉崎美智子の顔は異常なほど緊張しています。「ん?」と思っているうちに、美智子の顔は次第に下がり、読み終わった時、ぽろりと涙を落としたのです。

わたしは、この美智子の涙に感動しました。

数日後、美智子から再度、読んでほしいという要求を受け、読みましたが、美智子はまた涙を落としたのです。

いったい、何度聞けば気がすむのでしょう、何度読まされたことか! 美智子も子どもたちも、いっさい声を発しません。繰り返しの読みがたりを、ただただ静かに聞き入ったのでした。

「ねこ」は、白い猫といっしょになり、たくさんの子どもをもうけます。やがて大きくなった子どもたちはそれぞれどこかへ行く。ある日、老いた白い猫は、「ねこ」の側で静かに動かなくなります。その悲しみに、「ねこ」は初めて一〇〇回も泣き、白い猫の傍らで息を引きとり、二度と生き返らなかったのです。

子どもたちは、この物語の語るもの——愛の美しさ、強さに心打たれたのです。自分がだれよりもだいすきだった「ねこ」が、白い猫をこよなく愛し、いっしょに死を選んだその生き方に感動したのでした。

この『１００万回生きたねこ』で、忘れられないことがあります。

わたしが最初に勤務した東京下町の小学校——そこに一四年いたのですが、その学校の教え子たちが、毎年、学級学年を越えて集いをもっています。

いわば、わたしを囲んでの親睦会なのですが、三時間ほどの集いの中でのわたしの仕事（?）は、卒業生たちに本の読みがたりをすることです。

何年も続いていますので、かなりの冊数読んできたのですが、そして、それは、教室でわたしが読んだ本が最も多いのですが、その一冊にこの『１００万回生きたねこ』があります。

酒を飲み交わし、おしゃべりし合っている最中、司会の合図で、卒業生たちは「わたしの教室の子ども」になるのです。

物音一つしない、静まりかえった大広間、読み終わっても沈黙の世界が続きます。そして、司会のひとこと、「いい話だなあ」。卒業生たちには、はじめての本だったのです。

さて、子どもたちは作品のどこに目を向けるか、何に心がひかれるかといえば、それは登場人物の行為、行動です。さらに学年が進めば、また、多くの物語に接している子どもたちは、その時のその人物の思考や感情にです。

繰り返しになりますが、登場人物が、どういう状況の中でどう心を動かし、どう行動したかを描いているのが物語です。いろいろな状況を提示しながら、そこにかかわる人間像を鮮明にしていきます。子ども読者は、そこに注目し、その考え方なり行動の仕方なりについて、あれこれ思いをはせるのです。

このことは、批評の目が育ってきたということでしょう。自分と比較したり、身近な人間へも目を向ける、つまり、人間に対する目が育つ、人間的認識の成長ということになります。

わたしたちが、子どもたちへの読みがたりを続け、ひとり読みへ誘うことは、子どもたちの語彙《ごい》を豊かにし、語感を育てること、このことはとてつもなく大事なことです。それとともにそのことばの力で、描かれている世界の人物を読むことで、子どもたちの人間認識を育てること――人間はこうあるべきだなどという理屈ではなく、感性を通して育てることなのだということを、しっかり押さえておきたいと思います。

［この本だいすきの会・代表］

Ⅱ　中・高学年での
読みがたり・読みきかせ

この本だいすき――私の読書実践

木村　育子

二〇〇二年度に受け持った二六名の三年生との一年間、どんな本と関わったかを報告します。

私と子どもたちとの「本」の関係は、大きく分けて二本立てです。一つは、「読みがたり」、もう一つは、「ミセス木村のブックトーク」というイベントを入れての本の紹介です。

この三年生は初めてのクラス替えで、二クラスから分かれてきた新しいクラスでした。前年度、片方のクラスは担任の産休があり、代替の先生と一一月から過ごしたのですが、パワーがありあまり、しょっちゅう問題を起こしたり、いつもさわがしくて人の話は聞けずに、集中出来ないというクラスでした。

◆◆子どもの心に響く文化を◆◆

クラス替えで担任になる前に、前担任からめぼしい子どものことをくれぐれも頼む由、引き継ぎました。確かに始業式で担任発表した時もさがわしい上に、私の顔を見て、「うわ～こわい先生！」などと大声で叫ぶ子もいました（それは二年生の時に補教でそのクラスに行った時、あまりの傍若無人ぶりに大声で注意したことがあったのを思い出してのことだと思います）。

ある程度、年齢を重ねてベテラン教師ということにはなっていますが、こういう第一声で迎えられたのは、はじめてでしたし、心臓が「ズキン！」としました。こんな子どもたちでしたが、なんといってもパワーがあります。早速の学級開きには、ゲームや歌や踊り、はたまた、もちろん絵本の読みがたりと、ぐんぐん子どもと教師との距離が近づいてくるのが感じられました。子どもは、自分たちに合った「文化」を欲しているのです。学校の中で子どもの心に響く「文化」と巡り会えないから、子どもは持ち前のパワーを、成長の糧にしていけないと常々思っていましたが、まさにこの三年生は、短時間にして、この私の思いを実証してくれたのです。

◆◆私の読みがたり◆◆

四月、「きむ先生の読みがたり」のどこがいいの？　という学級通信「ハロー」のインタビューを数人に行いました。

『ともだちや』（内田麟太郎　作　降矢なな　絵／偕成社）がとてもよかった」《Nちゃん》

「先生が読むところがいい」《Dくん》

「大きい声で聞きやすく、おもしろくていい」《Aさん》

「『にんきもののひけつ』（森絵都　文　武田美穂　絵／童心社）がおもしろい」《Tさん》

「おもしろい本がある。『さるのせんせいとへびのかんごふさん』（穂高順也　文　荒井良二　絵／ビリケン出版）《Kさん》

「いいお話が多く、その人の気持ちがこもっている」《Aさん》


先生が自分たちのために本を選んでくれる。先生の声を通しておもしろい話を聞くことができる。まさに「教師と子どもが繋がること」を支持してくれてるんだと思います。

これからの一年間は、「できたら毎日すこしでもいいから読もう」と決心していましたが、やはり行事が続くと忙しくてどうしても読む時間を生みだせないこともありましたが、九六冊読むことができました。

読む時間は、決まっていなかったのですが、次の三つの時間帯に多く読みました。

①朝の会の後、一校時のはじめ

②二〇分休みの後の三校時のはじめ（気持ちが沈着するようで集中力が高い）

③五校時のはじめ（これも昼の掃除も終わってちょっとだらけた気分を収めるのにいいタイム）

「これから本を読みま～す」と言うがはやいか、椅子を持ってきて、すわって聞く場所取りをしたり、私の前にすわったり。少しざわつきますが、子どもが楽しみにしてくれていることは、うれしいことです。

◆◆どろだんご作りの名人・Dくん◆◆

Dくんは、二年生までとても目立つ子で、全校で集まっていても落ち着きがなく、三六〇度回りを見ては友だちの気を引こうとしたり、ちょっかいを出すような子どもでした。家庭的にも両親の離婚があったと聞いていました。三年生になっても、急に大声を出したり、テレビのCMを言ったりと、とにかく人の気を引こうとしていました。

そのDくんがなんと「読みがたり」をしている時には、一番相づちをうってくれたり、感想を言ってくれたりするのが、とても新鮮でうれしい出来事でした。そして読み終わると、印象に残った文のフレーズを大きな声で繰り返しながら自分の席に帰っていくのです。

・タ～イタ～イのたいこさん：『せとうちたいこさん　えんそくいきタイ』（長野ヒデ子

文・絵／童心社）
・〇〇ちゃん、うごいちゃだめ！：『うごいちゃだめ！』（シルヴァマン　文　シンドラー　絵　せなあいこ　訳／アスラン書房）
・まどうてください、まどうてください：『ツェねずみ』（宮沢賢治　文　三木由記子　絵／講談社）
・つぎはおばけ〜おばけだ〜：『でんしゃにのって』（とよたかずひこ　作／アリス館）
・ああ、もっちゃうもっちゃうもうもっちゃう：『もっちゃうもっちゃう　もうもっちゃう』（土屋富士夫　作・絵／徳間書店）
・ひいひいひいひい〜おじいちゃん：『おじいちゃんのおじいちゃんのおじいちゃんのおじいちゃん』（長谷川義史　作／ＢＬ出版）

しばらくの間、そのフレーズを流行させてくれるのです。

また『スーホの白い馬』（大塚勇三　再話　赤羽末吉　画／福音館書店）を読み終わってクラスがシーンと余韻に浸ってる中、ボソッと「いい話だね〜」と、お年寄りのような口調で言うところなど、私は内心（クスッと）笑ってしまいました。

Ｄくんは、一学期の前半は友だちにあらゆる迷惑をかけていました。帰りの会で友だちから苦情がでると、「だって、だって」と言うばかり。

「相手が言うことが本当なら、あやまることね！」と私が言うと「そうか、あやまればいいのか」とひと言、深々と迷惑をかけた友だちの方を向いておじぎをして、「ごめんなさい！」とやったのです。

「おじぎの仕方が素晴らしい！　ほかの人も見習わなくちゃね」と、全員の前でほめたので、その後、ことあるごとに深々とおじぎをしていました。友だちとの付き合い方が下手だということもありました。五月の終わりころの学級通信「ハロー」に、「遊ぶことは楽なようでむずかしい時もある！」の見出しで、次のような記事がありました。

「『班のみんなで遊ぼう三日間』というクラスのめあてにとりくんだのですが……『何をして遊ぶのか意見がまとまらない』『一人の子がどうしても違う遊びを主張する』『遊びははじめて鬼になると、いやだといってどこかに行っちゃう』などで、みんなで遊ぶことができないと不満続出。集団で遊ぶと楽しいけど、集団で遊べるようになるまでは、苦労しますね！」

その張本人がまさしくDくんだったのです。そのDくんが変わっていったのは、『光る泥だんご』（加用文男　著／ひとなる書房）という本でした。

総合科で「どろだんご作り」をやった時、一番うまいのは、Dくん！　その本も参考に、そして学童クラブでの経験も生かして「小先生」になってくれました。このむずかしい専

門書（?）を彼は、ほぼ一年間、自分の机の引き出しから、出したりしまったりしていました（私の本なんですけどね）。そしてどろだんご作りのブームが去っても、作って見せてくれました。

その後、Dくんは、『ゆうたくんちのいばり犬』（きたやまようこ　作／あかね書房）シリーズが気にいっていました。

「一年生に本を読んであげよう」という総合科の取り組みの時、あまり音読が得意でなかったDくんですが、一生懸命文字を指さしながら声に出して練習し、一年生に読んであげることができました。この取り組みはクラスのみんなが一冊の本を選んで、一年生の横にすわって読んであげるもので、気持ちが高揚した出来事でした。そしてだれもが満足し、自信を持つことも出来ました。

三月には、「ぼくの私のおすすめ三冊」の一冊目には『チョコレート戦争』（大石真　作　北田卓史　絵／理論社）を入れていました。読みがたりの中で長い物語を聞いて心を育み、その本を自分で手に取って読むことに心が向いたDくんは、とくに忘れられない存在でした。

◆◆あまんきみこさんへの手紙◆◆

このように、わがクラスが本の読みがたりのある「アットホームなクラス」になっていくのには、時間がかからなかったように思います。

四月、五月は、絵本ばかりだったのですが、六月になって絵のない物語も読み始めました。一学期の「きむ先生の読みがたりベスト・ファイブ」をみんなに聞いたところ、

1．さるのせんせいとへびのかんごふさん（穂高順也　文　荒井良二　絵／ビリケン出版）
2．でんしゃにのって（とよたかずひこ　作／アリス館）
3．ともだちや（内田麟太郎　作　降矢なな　絵／偕成社）
4．3びきのかわいいオオカミ（トリビザス　文　オクセンバリー　絵　こだまともこ　訳／冨山房）

5．うごいちゃだめ！（シルヴァマン　文　シンドラー　絵　せなあいこ　訳／アスラン書房）

という結果でした。

物語では、『ふしぎなテレビのいじわる作戦』（イルシング　著　末松氷海子　訳／文研出版）、同じ作者が書いた『なんでもただ会社』は、この年齢のテレビっ子にぴったりだったようでした。フランスの小学生と同じようにハラハラ、ワクワクしながら物語を主人公と一緒に体験しているなと感じながら読みがたりができました。

『車のいろは空のいろ』（あまんきみこ作　北田卓史　絵／ポプラ社）は、ほんわかムードがただよっていました。図書室で「あっ、この本も〝あまんきみこ〟さんだ」と、ほかの本を見つけて私に教えに来てくれる子も多くいました。あまんきみこさんの『おにたのぼうし』（岩崎ちひろ　絵／ポプラ社）も国語の教科書に載っていました。そこであまんきみこさんに、みんなで手紙を書きました。

・二年の時、教科書に『きつねのおきゃくさま』（あまんきみこ　文　二俣英五郎　絵／サンリード）がのっていて読んだとき私は思いました。なんであんなに動物のことを思いながら書けるのかなあと思いました。すごい文章でした。『車のいろは空のいろ』を木村先生が読んでくれました。この本も動物が出てきました。すごくわくわくしました。クマとか、きつねとか魚とかの動物がいっぱい出てくるからです。《Mさん》

・わたしはあまんきみこさんの本を何回も読みました。『車のいろは空のいろ』はとってもおもしろいです。私は、動物がいっぱいいてとっても楽しいです。本の中にきつねの化身とか、あまんきみこさんは本を書く名人みたいと思いました。《Kさん》

・ぼくは『車のいろは空のいろ』がいいなと思いました。二人の男の子がまついさんの車に乗っておりた後、きつねの毛が車の中にあったというところがいいと思いました。ぼくだったらそんなことがあったらびっくりします。『車のいろは空のいろ』は、木村先生が読んでくれました。かぜで二日休んでいたら、「『車のいろは空のいろ』は読み終わったよ」って友だちに言われて、全部聞きたかったなと思いました。《Sくん》

◆◆一冊の本がみんなを結ぶとき◆◆

『ワンピース戦争』（丘修三　文　杉浦範茂　絵／童心社）は読むたびに大受けで、Fくんは「ダンプ松本さん」という呼び名が出てくるたびに、すかさず「ギャハハハ」と笑っていました（このFくんこそ始業式に大声で、「うわーこわい先生！」と言った張本人でした）。

友だちと一緒に同じ物語をイメージしながら、ともに大笑いすることは、クラスの団結力を強めるんだということを教えてくれた本でした。

『チョコレート戦争』（大石真　作　北田卓史　絵／理論社）は読んでいる途中、「ちょっとこの三年生には、むずかしすぎたかな」と思いましたが、読み終わった後に、何人かはもう一度手にとって自分で読んでいました。

長い物語で、クラスがいつも息をつめて聞いていたのが、『北極のムーシカミーシカ』（いぬいとみこ　作　瀬川康男　絵／理論社）でした。この物語に対する全員の思い入れは読みがたりながら肌で感じました。次の文章のフレーズを子どもたちが待っている、期待している、という感じが読み手に伝わってきたのです。こういう経験はめったにあるものではありませんでした。幼いムーシカが危ない所を助けてくれる見知らぬ白クマは「もしかしたら物知りムー（お父さん）ではないか」と感じながら聞いていた子どもたちは、文章の中でそれが物知りムーだとわかると、

「やっぱり！」と一言。そして、友だちと顔を見合わせました。

友だち同士に共感が生まれた場面でした。そしてまたすぐに聞き入ってくれました。ふだんは感想は書かせないのですが、この物語は読み終わった後で感想を書いてもらいました。

・わたしのすきな場面は、ムーシカとミーシカがお父さんに会えたところです。マーシカが、お母さんにあえたところもよかったです。それにミーシカが白鳥のたまごをこわした時に、白鳥さんがゆるしてくれたところもよかったです。《Kさん》

・マーシカのお母さんが死んでいると思っていたのに、生きてマーシカのもとへ帰ってきたのがすごくよかったです。兄弟のように、ムーシカたちといっしょに遊んでいたところが気に入りました。《Yさん》

・心にのこったのは、ミーシカがキョクアジサシをおいかけていって、迷子になって、ムーシカはミーシカを追いかけていって白鳥のたまごをふんでしまったことです。あと「ものしりムー」にあえてよかったと思いました。夏祭りで、アザラシのオーラとあってうれしそうでした。《Jさん》

・ぼくは夏祭りで、死んだと思っていたマーシカのお母さんが生きていてあえたところが感動した。だからそこのところがすきだ。マーシカのいもうとのミーチカの名前がおもしろくていい名前だと思った。《Mくん》

三の一の全員をまたまた結びつけた、忘れられない本でした。三月に転校することになった女の子に「一番好きな本をプレゼントするよ」と言ったら『北極のムーシカミーシカ』

をリクエストされました。

◆◆ミセスきむらのブックトーク◆◆

もう一つの私と子どもたちとの本の関係であるブックトークは、「ミセスきむらのブックトーク」という名称にしています。六年前に現任校に移ってからこの名称にしました。学校の日常と少しちがった雰囲気を出したかったからです。

「ミセスきむらのブックトーク」は、一週間くらい前から紙に貼って予告します。最初はなにが起こるか、興味しんしんだったようです。

「木村学級では一年に何度か体験できるよ。さあなにが出るか。楽しいよ！　テーマは『ねこ』。みんなも『ねこ』に関する本をさがしておこう」と予告して、六月八日土曜参観の日に第一回ブックトークを行いました。

子どもも何人か「ねこ」の本を持ってきました。

＊第一回ブックトーク　六月八日　テーマ「ねこ」

一部　『ねこの図鑑』を使って、ねこの種類や生態などを話す。

二部　絵本の紹介。

『おれはねこだぜ』（佐野洋子　作・絵／講談社）
『車のいろは空の色』（あまんきみこ　作　北田卓史　絵／ポプラ社）
『みけネコレストラン』（竹下文子　作　鈴木まもる　絵／偕成社）
『夜に口ぶえをふいたなら』（たかどのほうこ　作　長野ヒデ子　絵／旺文社）★
『ねこがみた話』（たかどのほうこ　作　瓜南直子　絵／福音館書店）
『月へミルクをとりにいったネコ』（スメードベルイ　作　垂石眞子　絵　ひしきあきらこ　訳／福音館書店）
『ねこと友だち』（いとうひろし　著／徳間書店）
（★は、全文読みがたり）

ブックトークが終わると、どの本にも子どもたちが殺到して、あちこちでジャンケンがはじまり、読む順番を決めて、本の裏表紙に貼った紙に自分の名前を書き入れていくのです。
ほとんど全員の子がいずれかの本に手を伸ばして読んでみようかなと思ってくれたことで、ブックトークは大成功だと思います。

＊第二回ブックトーク　七月三日　テーマ「きつね」
＊第三回ブックトーク　一〇月二九日　テーマ「魔法と魔女」
＊第四回ブックトーク　一二月一六日　テーマ「クリスマス・クリスマス」
（第四回では、子どもたち五人もブックトークをしてくれました。）

いよいよ、学年の最後のブックトークになりました。
＊第五回ブックトーク　二月二六日　テーマ「ひな祭り」
一部「ひな祭りってなあに?」、ひな祭りってなにかを、子どもたちの言葉で説明できる子がほとんどいなくて、少し驚きました。『日本の年中行事百科・春』（岩井宏實　監修／河出書房新社）を使って、日本の五つの「節句」のこと、「男びな、女びな」の歴史のことを話しました。
二部　絵本の紹介
『もりのひなまつり』（こいでやすこ　作／福音館書店）★
『「ひなまつりのこびと」のおはなし』（まついのりこ　作／童心社）
『なな子のひなまつり』（白阪実世子　作　新野めぐみ　絵／佼成出版社）
『かこちゃんのおひなさま』（高橋昭　作　長野ヒデ子　絵／ポプラ社）

『おかあさんの紙びな』（長崎源之助　作　山中冬児　絵／岩崎書店）
『えんぴつびな』（長崎源之助　作　長谷川知子　絵／金の星社）★

一年間の主な行事にそってのブックトークでした。子どもはもちろん心待ちにしてくれましたが、本を準備するために図書館に通ったり、資料を集めたりすることは、オリジナルの授業作りとして、教師として、とても興味深く、やりがいのあることでした。そして、実際子どもの本に対する期待をひしひしと感じながら、濃密な時を共有できました。「この本を読んでみたい！」というきっかけを作り、本を熱中して読んでいる子どもの姿を目のあたりにできる幸せな時でした。

◆◆まとめにかえて◆◆

読みがたりとブックトークを中心にしながら、子どもの読書をリードしてきた一年間でした。子どもたちは授業の合間合間に時間に余裕がある時は、いつも読みかけの本を椅子の後ろの防災頭巾のポケットから出してよく読んでいました。一か月ごとの読書カードに自分が読んだ本の名前と作者の名前、簡単な感想とページ数を書くようにしておきました。また一か月ごとに「ぼくの私のおすすめの本」というカードを書いて、友だちに見えるようにしておきました。

読書リーダーの担任の果たす役割は、子どもといっしょに物語の世界を旅し、共感していくことだと思います。学級担任としての活動の中に本をすえてから、めまぐるしいほど忙しい学校現場で、子どもを見つめ、子どもとの心の交流を繋げられてきたのは、「本」と「読みがたり」に負うところが大きかったと思います。

［東京都江戸川区立下鎌田東小学校教諭］

先生は本がだいすきなんだよ！

須田　尚

◆◆教室には本が千冊！◆◆

新しい学校に着任しました。

四年生の担当となり、新しい教室が決まり、まずはじめにしたことは、教室への本の移動です。四つの本棚を置く場所を決めました。そこにある程度ジャンル分けをしながら子どもの本を並べていきます。子どもたちが手にとって眺めるのを思い浮かべながら七〇〇冊ほど並べました。

次に自分の資料としている本も別の棚に並べていきます。こちらは三〇〇冊ほどあります。どうしても並べきれない本は、段ボール箱に入れて倉庫に置きました。フラットファイルやクリアファイルを一〇〇冊ほど並べます。

絵本は、「この本だいすきの会」で教えてもらった本が多くあります。そのほか古本屋で購入した本もあります。子どもたちが気に入って、読まれているうちにぼろぼろになってきた本もたくさんあります。

始業式の日には、子どもたちに「先生は本がだいすきなんだよ」という話をしました。「本を読むのが苦手な人もいるかもしれないけれど、きっと好きな本が見つかるよ」という話もしました（もちろん、言わなくても四つの本棚の本たちが無言で言ってくれているのですが）。

◆始業式の日から読みがたり◆

連絡などをできるだけ早めに終えて、始業式の日から読みがたりをしました。まずは『うごいちゃだめ！』（シルヴァマン　文　シンドラー　絵　せなあいこ　訳／アスラン書房）です。

はらはらドキドキ系です。がちょうとアヒルのちょっとした競争が、狐が現れて命がけの競争になり、最後は仲よしで解決。最初は普通に（？）聞いていた子たちも、だんだん身を乗り出して聞いてくれるのがわかります。

次の日からも『かたあしダチョウのエルフ』（おのきがく　文・絵／ポプラ社）『おさる日記』（和田誠　文　村上康成　絵／偕成社）『むらの英雄』（わたなべしげお　作　西村繁男

絵／ペンギン社）など、どんどん読んでいきます。

読むときはできるだけ机、椅子を後ろに下げて、みんなが前に集まって読んでいます。少し時間はかかるのですが、みんなでいっしょに読んでいるんだという気持ちになります。

『おさる日記』では、「最後のページになったら、先生、少し小さい声で読むからよく聞いてね」と、前もって話してから読みました。ある日おとうさんが、ぼくにくれたおみやげは、ちいさいおさる。もんきちという名前をつけたのですが……。ぼくともんきちの楽しくてちょっと不思議な日記です。

最後のページ、すっと声を落としたら、「あっ、最後のページだ」とわかったようです。「こんな不思議なことが二度も起こるなんて」という最後のお母さんのせりふで、子どもたちは世にも奇妙な物語だといっていました。その通りです。

読みきかせはしてあげたい。でも「読んであげる時間がなくって」というのは、共通の悩みです。それでも、一度読んであげて子どもたちの楽しそうな顔を見ていると、また読んであげたいなと思ってしまいます。一日の中でゆったりした時間が流れる時をつくりたいなあと思っています。

『せかいいちうつくしいぼくの村』（小林豊　作・絵／ポプラ社）は、「先生がだいすきな本だよ」という話をしてあった本です。ヤモが住んでいる、アフガニスタンのパグマンという小さな村では、すもも、さくらんぼなどたくさんの果樹が実ります。街で、かごいっぱいのさくらんぼを全部売ったヤモは、羊をご褒美《ほうび》として買ってもらいました……。「後書きは後で読んでね」といったら、子どもたちからの「ぜひ読んでほしい」という要望で読みました。村がなくなってしまったということが、子どもたちはあまりピンとこないようでしたが、大変なことが起こってしまったということは伝わったようでした。

ちょっと不気味なお話の『ねこが見た話』（たかどのほうこ　作　瓜南直子　絵／福音館書店）を読みました。のらねこがのぞき見た人間の暮しが描かれています。ちょっと気味が悪くても、ちょっといい話なのです。

こういうお話を読もうとすると、子どもたちはすばやく動きます。カーテンを引く子、電気を消す子……。四つのお話のうち、一つだけ読んだのですが、もう一つ読んでという声が多くてやめるのが大変でした。もちろん、別の日にしっかり読まされました。

◆◆楽しい本も「重い」本も◆◆

楽しい本、おもしろい本もたくさん読みましたが、「重い」内容を持っている本も読みました。

『しらんぷり』（梅田俊作、佳子　作・絵／ポプラ社）は読みきかせをするには、とっても

「重い」本です。終わった後、腕が痛くなりました。こっちは物理的な重さです。でも内容も、いじめという重いテーマの作品です。ドンドンチャンがまたいじめにあっている。ドンチャンは、だまってやられるままになっている。しらんぷりを続けるぼくたち……。

ただ、屋台のおじさんとの対応でほっと一息つくことができました。主人公といじめている子どもたちだけの対応だけでは、リアルすぎるのかなと思いました。四年生ではちょっときついかと思いましたが、屋台のおじさんがいるので読み通すことができました。

絵本を読むときに、子どもたちに前もって「心構え」を話した本があります。『わたしのいもうと』（松谷みよ子 文 味戸ケイコ 絵／偕成社）です。

小学校四年生の妹は、学校で言葉がおかしい、とび箱ができないと些細なことでいじめられ、とうとう一人、心を閉じてしまいます。妹は家族にも口を開かず、黙々と一人折り紙で鶴を折っています。

「このお話はとってもつらいお話です。でも、本当にあったことをもとにしているそうです。こんなことが二度と起こらないようにという願いを込めて書いたそうです」

題名を読んだ後に作者名を読むと、子どもたちから「あっ、『龍の子太郎』を書いた人だ」という声があがりました。「そうです。同じ作者です。同じ作者が、元気に生きるエネルギーあふれる作品も、いじめられて最後には死んでしまうという作品も書いているんだね」と話しました。

こちらが真剣に読んでいるのが伝わったのか、子どもたちもいつもより身を乗り出して真剣に聞いてくれました。

◆◆生活の中に本が広がるとき◆◆

読みがたりした本は、子どもたちがどんどん読んでいきます。読む順番を決めた「しおり」を本にはさんで、どんどん回っていきます。

では、子どもたちは、一日の中でどんな時に本を読むのでしょう。もちろん読書の時間を設けてしっかり読む時間を確保することもできます。でも、毎日の生活の中で、また授業中に、ちょっとした時間があくことがあります。例えば給食の準備を待っている間、テストが終わった後、雨で外で遊べないときなど。そういうちょっとしたときに読めるように、机の中に読みかけの本を一冊入れておくようにしています。

子どもたちが本当の意味で楽しむ本は、やはり何らかの形で子どもたちの心に響くものを持っていると思います。そして子どもたちの生活や生き方にもつながっていくでしょう。

『いじわるブッチー』（ボットナー 文 ラスマン 絵 ひがしはるみ 訳／徳間書店）では、「おとなしくて、目立たない、フツーの女の子が、どんな気持ちでいるのか分かりますか？」、そう訴えているようです。いじわるブッチーが家に泊まることになった。さあ、なんとかしてブッチーをやっつける作戦をたてなくっちゃ！ いじめっ子なんて、ロケットでぶっ飛ばしちゃえーって、そう思っているのかもしれません。

二学期最後のお楽しみ会では、四人の女の子たちが「いじわるブッチー パートⅡ」というお話を作って、劇をしてくれました。見ている子たちも元のお話を覚えているようで、演じている子たちのパロディーを楽しんでみていました。

勤務校では、二学期に「ワイワイフェスティバル」という、全校で「お店屋さん」を出して楽しむお祭りをしました。ゲームやおばけ屋敷などをクラスごとに工夫してお店を作ります。私のクラス・二組ではどんな出し物をやろうかと話し合いをしていたら、ある子から「迷路を作ろう」という提案がありました。

話し合いが進んでいく中で、ただの迷路ではつまらないから、お話迷路にしようということになりました。日本や世界の昔話や物語を迷路のあちこちに仕掛けようというのです。おもしろそうですが、はて、どんな迷路になるのかなあと内心心配していました。しかし子どもたちが「やろうやろう」と乗り気だったので、そのまま進むのを見ていました。

お店をやっているお家から、大量のダンボールをもらって運んだりして作業が続きました。迷路の行き止まりにはピノキオが飲み込まれた大きなクジラがあります。シンデレラになった「男の子」がいます。花吹雪をまいている花咲か爺さんもいます。お店がはじまるとたくさんのお客さんがやってきて、大繁盛でした。最後には大きな迷路もぼろぼろになってしまいました。

昔話などはあまりしたことはありませんでしたが、でも、毎日の読みがたりがこんなところにも生きているのかなあと、うれしくなった出来事でした。

◆◆授業づくりと読みがたり◆◆

子どもたちに、文章を読む力をつけたいと思います。授業の中でいろいろな手立てをとりながら、読みがたりとつなげていきます。

前出の『うごいちゃだめ！』を読んだ後、教科書の「走れ」という作品を、三行だけ音読しました。この三行の音読の中で、立つときの姿勢、すわったときの姿勢、読むときの声の出し方などを練習しました。楽しいお話を聞いた後は、子どもたちの心も開放されているのか、音読の練習もスムーズです。

毎日の宿題に、音読を行っています。学級通信に「毎日ちがう一言を書くというのは大変です。ホントにサインでかまいません。でも、ちょっと良いところが見つかったら一言書いてみてください。子どもたち、とっても励みになると思います」と書いたところ、最初のうちは「上手に読めました」という一言だけでしたが、「楽しそうに読めました」や「せりふが上手でした」と、いろいろな一言が書かれるようになりました。

「頑張って読みました（姉）」「もう少しおちついて、ゆっくり（父）」と、家族が励ましてくれることも多くなりました。ただ自分で読むというだけでなく、「妹に読んであげて上手でした」ということもありました。「言葉がぷつんと切れて少し聞きにくいよ。➡昨日のところ、上手になったよ」と、練習での上達を認めてあげることもありました。

本の種類も、私が読んであげた本や自分で図書館から借りてきた本を楽しんで読んだり、中には学級通信の友だちの作文を音読したりと、子どもたちの工夫も広がりました。

「花を見つける手がかり」という説明文では絵本作りを行い、その後の発展学習として、動物や昆虫のなぞについて、絵本や紙芝居・新聞などであらわしてみました。絵本には、これまで読んできた絵本を思わせる場面がいろいろ出ていました。紙芝居を描く子たちは本をじっくり読むのは苦手な子たちでしたが、放課後まで集まって作業するほど熱中していました。できあがりは個人差がありましたが、自分たちの作品に満足げでした。

ベストセラーの『あらしのよるに』（木村裕一　作　あべ弘士　絵／講談社）は、国語の校内研究授業を行ったときに、授業の前半に読みがたりしました。千葉大学の教授をはじめ、たくさんの先生方が参観する中で、お話の世界にひたりきっていました。ほかの先生方からも、「とってもいい表情で聞いていたね」というお話をうかがうことができました。文章を読む力が、読みがたりですぐつくということはないかもしれませんが、こうやって集中して聞くことは何らかの形で役に立つと思います。

『やいトカゲ』（舟崎靖子　作　渡辺洋二　絵／あかね書房）は、教科書にある「やい、トカゲ」の導入として読みました。でも、文の感じがあまりよくありません。なんだか文体が教科書のものよりたるんだ感じがして、子どもたちもあまり乗って聞いている感じがしませんでした。これは、少し長いけれど、教科書の文の方がよいようです。ただ、絵は、回想の場面だけ色が変わっているので違いがはっきり分かります。

『ひろしのしょうばい』（舟崎靖子　作　舟崎克彦　絵／偕成社）は、教科書の「やい、トカゲ」の学習が終わった後、舟崎さんの作品の紹介として、読みました。最初は笑いながらリラックスして聞いていた子たちが、だんだん真剣になって聞くようになりました。最後は「ひろし」が、青森のおばさんのうちにいることでしょうという話で終わるので、少しほっとしたようです。

『もこもこもこ』（谷川俊太郎　作　元永定正　絵／文研出版）と『海をかえして』（丘修三・長野ヒデ子　作／童心社）の二冊は、授業参観の時に読みました。

授業参観だけでなく、保護者との懇談会などでも読みがたりをします。学習の様子や生活の様子など、伝えたいことはたくさんあるのですが、お母さん方にも本を読んでもらうことの楽しさを知って欲しいと思うからです。時間がないときは本の紹介だけでもするようにします。でも、紹介だけのときと、読みがたりをしたときでは、充実感がちがいます。

◆◆読みがたりと子どもたちの成長◆◆

『龍の子太郎』（松谷みよ子　作／講談社青い鳥文庫）を二学期の始業式の日から読みはじめました。なまけんぼうだった龍の子太郎が、山を越え谷を越え、龍になって北の湖にすむという母を訪ねる苦難の旅の物語です。

　できるだけ毎日読もうとはじめましたが、なかなか続きません。一〇月二一日に、やっと読み終わりました。一か月半以上かかって読み終わったわけです。一日五分から一〇分ほどでした。途中三、四日あいたときもありましたが、子どもたちの「先生また読んで」の声に励まされて読み終わることができました。忙しくて読みがたりができないときは、忙しさに負けているなあという気がします。本当は時間がないのではなく、気持ちに余裕がないだけなんだなあと思います。

　子どもたちの方も、最初のうちは、物語の世界に入り込めない子がいましたが、物語の最後の方で、お母さんと山にぶつかって行くところはみんな真剣そのものでした。これが長編を読む良さなんだと思いました。

　読み終わった後、自分で読んでみたい人を聞いたら、すいぶんたくさんいました。そこで、後ろの黒板に読みたい人で順番を決めた紙を貼っておきました。普段あまり長いお話を読まない子も、いっしょうけんめい読んでいました。

　その次には、『星モグラサンジの伝説』（岡田淳　作・絵／理論社）を読みました。元気もののサンジが、持ち前のたくましい好奇心と行動力で成長し、とてつもないスーパーモグラになっていきます。

長いお話を自分で読むことの楽しさを知った子は、もうどんどん読んでいくことができます。でも、なかなかそこをクリアーできない子もいます。そこで、次はどうなるんだろうという興味を持って聞くことができる本を選んで読みました。お話がどんどんエスカレートしていくので、次がどうなるのか楽しみにして、子どもたちからもっと読んでといつも催促されました。一番印象に残ったお話として「サンジ」をあげた子もいました。

◆私にもびりっかすさん来るかなあ◆

二月に入って、『びりっかすの神さま』（岡田淳　作・絵／偕成社）を読みました。転校生の始は、新しいクラスで妖精を見てしまいます。始は本当は能力があるのにわざと0点をとって妖精と交流し、クラスの子どもたちも次々と妖精の存在を知っていきます。

物語と同じ四年生の担任として読みながら、自分の普段の授業はどうだろうとギクリとさせられる本です。読んでいる間、よく子どもたちから「びりっかすさん来るかなあ」という声が聞こえました。これまでもそんな気持ちは持っていたのかもしれませんが、この話を聞いたことで、自分の気持ちをびりっかすという言葉で表現できるようになったのかもしれません。特に勉強が苦手で、男の子からからかわれていやな思いをしたことのある女の子は、このお話を聞くことをとても楽しみにしていたようでした。

最後に担任の先生がよれよれのネクタイで登場する場面では、私の方がぐっときてしまったのですが、子どもたちはあくまで物語の子どもたちに寄り添ってお話の世界を楽しんだようです。

これも延々と読み続けて、読み終わったのは、三月に入ってからでした。もっと早く読んであげて、勉強が分からないことのつらさや仲間の良さなどを、いっしょに考える機会をつくればよかったなあと思いました。

◆子どもたちと保護者からの手紙◆

一年間しかいっしょに生活しなかった子どもたちですが、転任した後、前任校の子どもたちとお母さん方から、メッセージが綴られた冊子をいただきました。そこには、本を読んでもらったことへのうれしさや感謝の言葉がたくさん書かれていました。ちょっとだけ紹介したいと思います。

【お母さん方から】

・勉強がきらいで、本を読むことはもっときらいで、なるべく本を読んでほしいと思い、一年生に入ったころから字数の少ない本・楽しい本・おもしろい本・読みやすそうな本と用意してあげていましたが、なかなか全部読み終わるまではいかず、この子は字を見るのがきらいなんだなあとあきらめていました。四年生になり、娘に「須田先生は本がだいすきなんだよ」と聞かされ、娘は本がきらいなのにと思っていました。何か月かすぎたころ、自分から本が欲しいと言い出してきたのがとてもうれしかったです。

・娘は先生にいろいろな本を読んでもらったり紹介してもらったりして、ますます本が好きになったようです。

・継続は力なりで、ほとんど毎日続けた音読のおかげで、はじめて出会った文章でも以前に比べたらずいぶん読めるようになったと思います。せっかく身につけていただいた習慣を、くずさないようにさせていきたいと思っています。

【子どもたちから】

・本を読む楽しさをおしえてくれてどうもありがとうございました。

・四年二組では、いろいろな本を読んでくださいました。先生が読んでくれる本は、どれも楽しい本ばかりなので、毎日のように楽しみにしていました。

・先生のおかげで、好きだった本がもっと好きになりました。見たことのない本もたくさん読めました。音読も上手になりました。先生が読んでくれた本は、楽しい本ばかりでした。

・先生が読んでくれたお話の中で、一番楽しかったお話は「サンジ」でした。

◆教室があったかくなる日◆

「さあ、今度はこれをやるよ」「次はこれだよ」と、あわただしい日をすごすことが多くなる中で、読みがたりは本来の時間を取り戻すときでもあります。

『おおきなきがほしい』（佐藤さとる　文　村上勉　絵／偕成社）の少年・かおるは、題名のとおり大きな木がほしいと願っています。その木の中にはほらあなもあります。木の枝のところには家もあります。鳥やリスたちも集まってきます。少年の夢はどんどんふくらんでいきます。

私自身、素朴に、こんな木があったらいいなあと思います。小鳥が遊びに来たり、落ち葉が舞い込んできたり、こんな木の上で読書したら極楽だろうなあ。そんな気持ちで読んだからでしょうか。教室の中がとっても気持ちよく感じました。どこかで鳥の声が聞こえたような気がしました。

『でんしゃにのって』（とよたかずひこ　作・絵／アリス館）では、うららちゃん乗った電車に次々と乗りこんできたのは、わにさん、ぞうさん、うさぎさん……。女の子が切符を落とすところが気になりました。みんなで女の子を心配してあげています。拾ってあげたところでは、ほっとした気持ちになりました。四年生には少し幼いかなあと思って読んだ本ですが、そんなことはちっともありませんでした。

読み終わった後、私も子どもたちも、とってもほんわかした気持ちになりました。同じ教室なのに、子どもたちの表情から、教室がとってもあったかな雰囲気になったような気がしました。

読みがたりを続けてよかったなあと思うひとときです。「授業時数の確保」や「基礎基本の徹底」などが叫ばれ、ゆっくり子どもたちと本を楽しむ時間がとりにくくなってきています。でも、長い目で見て、いま子どもたちが本当に必要なことはなにかを、きちんと考えていかなくてはと思います。

［千葉県浦安市立明海小学校教諭］

絵本の楽しさを高学年にも

常川　喜代子

私は、高学年を受け持つと、必ず最初は『ぐりとぐら』（中川李枝子　文　大村百合子　絵／福音館書店）や『ばばばあちゃん』（さとうわきこ　作／福音館書店）のシリーズ、『おばけのバーバパパ』（チゾン、テイラー　作　山下明生　訳／偕成社）など、幼い頃に出会ってほしかったと思う本からまず読んでいくことにしています。

学級の中で乳幼児のころに読みがたりをしてもらったという子は、いつもほんのひとにぎりしかいません。絵本のもつ、ほのぼのとした温かい雰囲気をどの子にも味わわせてやりたいのです。

そんな中で、私の経験では高学年の子どもたちにも人気のある絵本に、『もこもこもこ』（谷川俊太郎　作　元永定正　絵／文研出版）『ぼちぼちいこか』（セイラー　作　グロスマン　絵　今江祥智　訳／偕成社）『じごくのそうべえ』（田島征彦　作／童心社）などがあります。

◆◆読みがたりの楽しさにひたる子どもたち◆◆

絵本からはじめた読みがたりが集中して聞けるようになると、時々長いお話も読みます。『アーコも転校生』（宮川ひろ　作　伊勢英子　絵／ポプラ社）は、以前勤務していた学校の五年生が、心から楽しんで聞いてくれました。農村地帯にある学校で自然に恵まれていたことや、子どもたちが拾ってきた子猫をたびたび教室で世話をしたこともあり、子どもたちみんなが生き物が好きだったということもあったのでしょう。

このお話は、体が弱いため祖母の住む山村に転校する、なおみという小学校三年生の物語です。なおみはなかなか山の学校に慣れることができないのですが、傷ついた子ガラスのアーコを教室で飼うことになり、みんなで世話をするうちに、次第に分校の生活になじんでいくというお話です。傷ついて弱っているアーコに、藤本先生が口うつしで卵を飲ませるところなどは、みんな興味しんしんの様子で聞き、その後もよくそのことが話題にのぼりました。

『龍の子太郎』（松谷みよ子　作　田代三善　絵／講談社）は、四年生を受け持つと必ず読む本です。

これは、龍になったお母さんを訪ねて、長く苦しい旅に出る龍の子太郎のお話です。子どもたちは、自分たちも龍の子太郎といっしょに、うさぎやねずみ、いのししの子うりんぼうと友だちになったような気持ちで聞き、龍の子太郎が黒おにと戦ったり、お母さんといっしょに山を切り開いたりする場面では、心から応援するような気持ちで聞いてくれたようです。子どもたちは、龍の子太郎がいつお母さんに会えるだろうかと、毎日楽しみに私の読みがたりを待っていてくれました。

◆心を豊かにしていく子どもたち◆

読みがたりを毎日続けていくと、子どもたちはお話の世界の楽しさがわかるようになり、自分から読書をするようになります。私も、おもしろいと思った本はどんどん教室に入れていきました。すると図書室や町の図書館へ行って本を借りてくる子も出てきます。

子どもたちに人気があった本には、『あらしのよるに』（木村裕一　作　あべ弘士　絵／講談社）、『ルドルフとイッパイアッテナ』（斎藤洋　作　杉浦範茂　絵／講談社）、『二分間の冒険』（岡田淳　作・絵／偕成社）『黒い小屋のひみつ』（丘修三　作・絵／岩崎書店）『ふしぎな木の実の料理法』（岡田淳　作・絵／理論社）などです。シリーズものの場合は新しい本が出版されると、さっそく購入し、教室で紹介すると、子どもたちはジャンケンで借りる順番を決めていました。

私は日々、思慮の深い、感性豊かな人に成長してほしいと願って、読みがたりを続けています。大上段に構えて読みがたりをしているわけではありません。子どもたちが物語の世界に入りこんで、主人公といっしょに楽しんだり悲しんだり、考えたりしてくれたらと思っています。

前任校でのことです。受け持った四年生の子たちに読みがたりをはじめて、三か月が過ぎたころ、ある男の子が作文にこんなことを書いていました。

「三年生のときは、ちょっと友だちをいじめてたりしていたけど、四年生になって読みきかせがはじまってから毎日が楽しくなったから、もう友だちをいじめていません」

確かに私がその学校に転任し、始業式もすんでないというのに、三年生のころのいじめのことで、父母が学校へ話し合いに来たということがありました。「読みきかせ」がはじまって、友だちをいじめなくなったと自覚していることに、私は驚きました。

◆◆本を通じて自分を見つめる◆◆

また昨年、四年生で受け持ったT君は、めんどうなことを嫌がり、授業中もだらあっとした姿勢でいたので、よく注意した子です。そのT君が朝の作文タイムの「おすすめの一さつ」で、『1ねん1くみ1ばんワル』（後藤竜二　作　長谷川知子　絵／ポプラ社）を取り上げていました。彼は、くろさわ君と共通したものを自分の中に見い出したのか、読みがたりのときにはとても熱心に聞き入り、その後自分でシリーズの本をどんどん読んだりしていました。

「ぼくは、この本を読んで、『よーし、どんなことにもチャレンジするぞ』と思いました。なぜかというと、ぼくは昔、こんじょうなしでした。でも、この本の中でくろさわ君という子に出会いました。くろさわ君は悪いことばっかりしているけど、こんじょうがある主人公でした。ぼくも、くろさわ君みたいに『こんじょうがある子になるぞ』と思ったから、『よーし、どんなことにもチャレンジするぞ』と決心しました。みなさんも、ぜひ『1ねん1くみ1ばんワル』を読んでみてください。きっとこんじょうがある人になると思います」

そして、その四年生の子どもたちに一年間読みがたりをしてきて、三月に「一年間『読みきかせ』をしてもらって自分でなにか変わったことがあるかな、読書がなにか私たちに与える影響があると思いますか」というテーマで、作文を書いてもらいました。

N君は、とても人のよい優しい子ですが、漢字や計算が苦手で、勉強の面では大変苦労した子です。そのN君がこんなことを書いていました。

「先生の読みきかせを聞いて、ちょびちょび勉強するようになったことと、本を読むようになったこと。先生の読みきかせを聞いて自分がきらいだったことが少しだけ好きになったこと。先生の読みきかせを聞いていて、本は人の心を変える力があるように思ったことがあります。先生、一年間ありがとうございました」

三年生のときには、あまり本を読まなかったK君は、

「読みきかせをしてもらって、想像力や本が好きになることが身について、すごくよかった。本が好きになって、前の自分とすごく変わった。

『9月0日大冒険』(さとうまきこ　著　田中槇子　絵／偕成社)が心に残りました。想像力が身につき、本が好きになって、本がこんなに楽しいと思わなかった。四年四組が終わっても、図書館や自分のお金で本を買ったりして、これからもずっと本を読みたいです」と書いていました。

そういえば、夏休みに用事でK君の家に電話をしたら、K君のお母さんが、

「先生、うちのKが図書館で椋鳩十の本を借りてきて、夢中で読んでるんですよ」と、びっくりしながらもうれしそうに話してくださったのでした。

高学年になると、子どもたちは自分を見つめることができるようになってきます。読みがたりや読書で育っている子どもは、さらに深く自分を見つめ、周りのことも考えられるようになる気がします。そうして、あまり本を読まなかった以前の自分と比べ、心の成長

をとげている確かな自分を感じるのでしょう。

◆◆子どもたちの心に深く刻まれる本◆◆

『トットちゃんとトットちゃんたち』（黒柳徹子　著／講談社）――この本は、女優の黒柳徹子さんが、ユニセフの親善大使として訪れた一三か国の子どもたちの実情を書いた本です。破傷風《はしょうふう》で死にそうになっている子どもが徹子さんに、「あなたのお幸せを祈っています」と言う場面、ゲリラに親を虐殺され、自分も両腕を切り落とされたという少年の話、下痢が何か月も続き、泣き声もあげられない小さな子の話など、涙をこらえながら読まなくてはならない箇所がたくさんありました。子どもたちの反応は、一言で言えば「驚き」だったと思います。というよりも「衝撃」かもしれません。

「私は生という場所にいますが、地球の反対側の子どもたちは、生と死の間を行き来しているのでしょう。そう思うと、おそろしさと、国の人をこんなふうな形に残してしまった大人たちへのにくしみがこみあげてきます」と感想を書いている子もいました。

このときの気持ちを忘れてほしくなくて、私は「世界中の子どもたちが幸せでありますように」というタイトルで子どもたちの文集を作り、卒業後にアルバムといっしょに手渡しました。

『しらんぷり』（梅田俊作、佳子　作・絵／ポプラ社）――この本は、いじめをテーマにしたとても長いお話の絵本です。「ぼく」は、ドンチャンがヤラガセたちにいじめられていても、今度は自分がいじめにあうことを怖れてしらんぷりをしてしまいます。ドンチャンは、二学期の劇の会の日に、サルの役でヤラガセに仕返しをします。そして、転校していくのです。ドンチャンのことが心の中でトゲのようにささったまま卒業していくのがいやで、「ぼく」は、明日が卒業式というリハーサルの日に、「ぼくの話を聞いてください」と、大勢の前で自分の今までのしらんぷりを告白するのです。

私は、この本を四年生の子どもたちに読みがたりました。長い話なので、その日は半分ぐらいまで読むつもりでいたのです。「長い話だから、今日はここまでにするね」と私が言いました。すると一部の子が、「ええっ」と言うのです。そしてその場を立とうとする子は、一人もいません。

とにかくその場の雰囲気が、「どうしてこんな重大なお話を、途中でやめられるの」とでもいうような、子どもたちの無言の抵抗をひしひしと感じて、途中でやめられず、一気に最後まで読んでしまったのです。

読みがたりが終わっても、しばらくシーンと静まりかえっていたのを覚えています。子どもたちは、自分の身の周りで起きているいじめや、自分がそれまでに体験したいじめと照らし合わせて聞いていたのかもしれません。

その他にも、『じろはったん』（森はな　作　梶山俊夫絵／牧書店）『新ちゃんがないた！』（佐藤州男　作　長谷川集平　絵／文研出版）なども、子どもたちの心に残るものがあったようです。

◆読みがたりに抵抗したMちゃん◆

Mちゃんは、前任校で四年生の一年間教えた子です。ひとりっ子でわがままいっぱいに育てられ、指導には大変苦労しました。日記に書くことがないと言って、「読みきかせはうざったい」と、毎回毎回激しい言葉を書きなぐって抵抗してくる子でした。

Mちゃんが五年生になると、私は一年生の担任になりました。

五月のある日、私が子どもたちを帰して、教室で仕事をしていると、六時限が終わって通学団下校をする高学年の子どもたちが、一年生の教室の南側に集まり始めました。

南側の窓のところには、その日に私が読みがたりをした本の題名を書いた短冊がずっとぶら下がっています。子どもたちの中にMちゃんがいたので声をかけると、Mちゃんはその短冊を見て、読みがたりのことを話題にしてきました。

「先生、一年生の子に、ほらあれ、やまんばのところに餅を持ってってやるやつ読んで

あげたの？」

『やまんばのにしき』（松谷みよ子　文　瀬川康男　絵／ポプラ社）ね。まだ読んであげてないよ」

『おとうさんのおんぶ』は？」

「あれは、一年生にはちょっとむずかしいんじゃないかな」

『龍の子太郎』（松谷みよ子　作　田代三善絵／講談社）は？」

「それもまだむずかしいね」

そんなおしゃべりをしていると、去年教えた子たちがだんだん集まってきて、話題の中に入ってきます。

『1ねん1くみ』（後藤竜二　作　長谷川知子　絵／ポプラ社）のシリーズは？」

「それは読んであげたよ。『1ばんワル』をね」

あれほど読みがたりに抵抗をしたMちゃんが、なつかしそうにいろいろな本の題名を口にするのです。先生にも友だちにも自分を素直に出せなかったMちゃんは、読みがたりのお話の中で解放された自分を見い出していたのでしょうか。

◆新しい感動を教えてくれた子どもたち◆

S君は、現在担任している五年生の子です。長距離トラックの運転手をしているお父さんは、四人の子どもたちになかなか目が届きません。朝ご飯を食べないで登校してくることもあり、宿題忘れ、持ち物忘れもしょっちゅうです。読みがたりもしょうがなしに聞いているという感じです。

そんなS君が、六月のある日、友だちのY君といっしょにダンゴムシを校庭でとってきました。そして、ダンゴムシを入れるからプリンカップをちょうだいと言うのです。前日には、『ぼく、だんごむし』（得田之久　文　たかはしきよし　絵〈「かがくのとも」二〇〇三年七月号〉／福音館書店）を読んだのでした。この本には、私が知らなかったダンゴムシの生態についても書かれていました。例えば、ダンゴムシが石やコンクリートも食べること、四角い糞をすること、卵を生んだらおなかで大事に育てることなどです。ダンゴムシも一生懸命生きているんだと親近感を抱かせてくれるような内容です。

プリンカップにダンゴムシを入れて観察していたS君たちが、「赤ちゃんがいるよ」と教えてくれました。

いました、いました。お母さんのおなかから、小さくて白っぽいダンゴムシの赤ちゃんがぞろぞろ出てきてカップの中で歩き回っています。私も子どもたちも、ダンゴムシの赤ちゃんを見るのははじめてでした。ふだん注意してばかりいるS君ですが、そのときばかりは、みんなで「ありがとう」の拍手をしました。ちなみにS君とY君ですが、ダンゴムシをとりにいったときに、ダンゴムシがコンクリートを食べているところも見たということでした。私も五年三組の子どもたちもS君たちのおかげで新鮮な感動を覚えました。

◆時間の確保がむずかしい中で◆

私は、現在勤務している学校は二年目です。朝の時間は、曜日ごとに、朝礼、作文タイム、合唱、縦割り活動などと組まれているため、読みがたりをする時間が十分にとれません。それで給食の時間に、子どもたちが静かに食べはじめたころに読みがたりをしています。ほんとうは、給食は子どもたちといろいろな話をしながらいっしょに食べたいし、読みがたりは、子どもたちを教室の床に集めてお話の世界に浸らせたいのですが、決められたカリキュラムをこなさなくてはなりません。苦しいところです。

でも、大きな行事のキャンプも終わったある日、学活の時間に二冊の昔話を読むことができました。『へっこきあねさがよめにきて』（大川悦生　文　太田大八　絵／ポプラ社）と『おんちょろきょう』（木暮正夫　文　梶山俊夫　絵／ほるぷ出版）です。

読み終わった後、ある男の子が、私のところへ来て、「先生、今日の本がいちばんおもしろかったよ」と心から楽しそうに言うのです。

「そう、どっちがよかった」とたずねると、

「どっちも」と答えたのです。

子どもたちはきっと、その日ばかりは給食のことに気をとられることもなく、昔話の世界をたっぷりと楽しむことができたのだと思います。

前出の『しらんぷり』もやはり学活の時間に読みがたりました。ダンゴムシをS君といっしょにとってきてくれたY君。Y君も、やはり宿題・持ち物忘れはほとんど毎日です。そして、勉強やめんどうなことが大嫌いな子です。そのY君、おりこうに体操すわりなどできません。端の列の一番前に、だらっと両足を投げ出してだらけた姿勢で聞いています。

ところがY君、この長い話を最初から最後までこのだらけた姿勢のままで、ごそりともせずに聞いていたのです。ヤラガセ、セイヤ、ヨッチンなどの友だち関係はきちんと把握

できなかったようですが、シャーペンを万引きさせられてしまった「ぼく」や、いじめを受けていたドンチャンはどうなるのだろうとでも言いたげな、真剣な表情で最後まで聞いていました。

「おれ、父子家庭。おまえ、母子家庭」と平然と言い合うS君とY君。私に「本、読まんでもいいよ」と言いながらもしっかり聞いているのです。

家でほとんどかまってもらえない子、反対に親が過保護、過干渉という環境にいる子など、いろいろな子どもがいますが、愛情に飢えている子どもが増えているような気がします。こんな時代だからこそ、子どもたちに読みがたりを、と思います。

「あなたたちを愛しているよ」「あなたたちは愛されているのよ」というメッセージを、読みがたりを通して知らせてあげたい気持ちでいっぱいです。

［愛知県海部郡蟹江町立蟹江小学校教諭］

たくさんの宝物を与えてくれる読みがたり

奥田　みよか

◆はじめの第一歩◆

四年生の担任になったのは新卒の時以来、二〇年ぶりでした。

広島市内の小学校。四年一組の教室には二九名の子どもたちが待っていました。はじめて教室に入った時、にぎやかなその様子ときらきらした目の輝きに、このクラスの子どもたちとすごす楽しさを予感したものでした。

「先生は一年間、みんなと本を読んでいきたいと思っています。先生の好きな本を読むから聞いてね」

ほとんどの子どもたちは、「なにがはじまるのだろう」といった表情です。

私が教室で本を読んでいることを知っていて、「先生、私たちにも本を読んでくれるの？前の六年生にしていたみたいに」と言って来た亜紀ちゃんは、少しはずかしがり屋さんでした。

最初に読んだ本は『へんてこへんてこ』（長新太　作・絵／佼成出版社）でした。森の中に不思議な橋があって、その橋を通ると体がニューッと伸びるのです。ネコはネーコー、ブタはブーターというように。私が読み進むうちに子どもたちの声が重なってきました。「よせばいいのに、そらをとんでいるトリがおりてきた。そうして……」と私が読むと、すかさず「トーリー」と子どもたち。「オバケがやってきた。そうして……」「オーバーケーになった」私がこわそうに読むと、まねをして低い声で言っている子もいます。息の続く限りひたすら長く伸ばして言うことに熱中している子もいます。教室はたちまち子どもたちの楽しそうな声でいっぱいになりました。

でも、私が本を読んでいても、そっぽをむいている子どもも、もちろんいました。斜めに椅子にすわって、にらんでいるかのようなやっ君。全然こちらを向かず、まわりの子に話しかけているオッカン。私の読む声に合わせて過剰に声をあげる祐ちゃん。さまざまな子どもたちとのスタートでした。

元気なクラスで、けんかはしょっちゅう、お行儀も決してよくない。給食を床にすわって食べる子あり、授業中に立ち歩く子あり、落ち着いて学習できる雰囲気がなかなかできません。叱っても、怒られ慣れているためなのか、効果なしです。

そんな中で本を読んでいると、こちらがくじけそうになることさえありました。でも、子どもたちと一緒に楽しいと思える時間を共有したいという思いだけで、毎日、本を読んでいました。本を選ぶ基準は、楽しいこと、そして声に出して読みたくなるような言葉があることの二点でした。本を読むことで、みんながひとつの世界にいる心地よさを感じてくれたらいいなぁと思っていました。

◆自分を好きになりたい◆

五月になると、教師も子どもたちもだんだん地の部分が出せるようになって来ます。その分トラブルも増えますが、本音の話もできるようになります。

ある日教室に行くと、やっ君とオッカンがつかみ合いの大げんかをしていました。この二人はお互いを認めつつも煙たく思っているというような、つかず離れずの関係だったのですが、とうとう衝突してしまったのです。相手が意味もなくぶつかって来たといった些細なことが原因だったのですが、どちらも一歩も退きません。しまいにはお互いの悪口の言い合いです。一人ずつ話をした中で見えて来たことは、二人とも「自分に自信がないこと」でした。

やっ君は言いました。

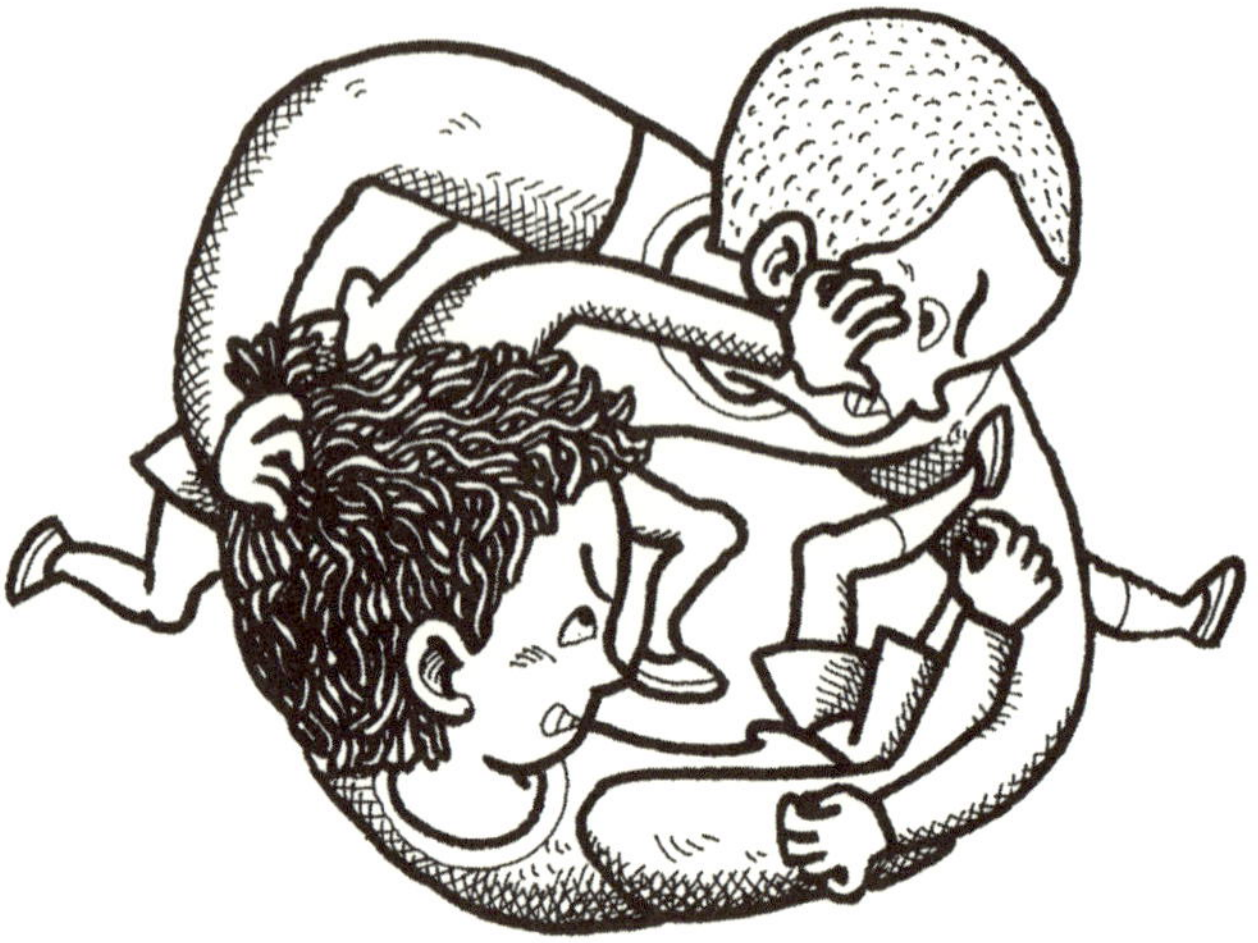

「俺にはええ所なんかないんじゃ！　みんな俺のことがきらいなんじゃ。ただこわいけえ言うことをきいとるだけよ」

オッカンも言いました。

「ぼくのことを好きな友だちはおらんよ。ぼくも別にそれでかまわんし」

黙ってうつむいた二人の「さびしい、さびしい」という声が聞こえて来るような気がしました。その時の私は、ただこの一か月間に見て来た、二人のすてきだと思う所を話すことしかできませんでした。

「先生はやっ君が好きだよ」「オッカンのことを大切だと思っているよ」

でもそんな言葉は彼らの頭上を通り過ぎるだけでした。

その日に読む本は、ひたすら楽しい『だじゃれどうぶつえん』（中川ひろたか　文　高畠純　絵／絵本館）にしました。この本はダジャレのオンパレードで、文句なく笑えます。クラスのみんなもこの大げんかに動揺していたし、机につっぷしている二人を含めて、楽しい気持ちを感じてほしかったのです。なにより私自身が笑いたかったから。

本の力はすてきです。最初はぎこちない雰囲気だったクラスも、ページが進むごとに「苦し〜い」「中川ひろたかさん、よう考えとるぅ」と笑いのうず。「お、ゴリラ（五時だ）。わ、ヒツジ（七時）」「シャンプー&リス」「あるきにくいアリクイ」「ヒグマからねるな」……。

オッカンもいつの間にかこっちを見つめています。でもやっ君だけはずっと机にふせたままでした。

自分を好きになるって、むずかしいです。私だって自分が嫌いになる時があります。でもまだ一〇歳にもならない子が、斜めに私を見ながら「自分にはいい所なんてない」と言うのを聞くのは、とても哀しいことでした。

◆◆母と子で共有するすてきな時間◆◆

私はその月から回覧絵本をはじめました。教室で読んで子どもたちに人気のあった本を、

二、三冊ずつ絵本袋に入れて家庭に持って帰り、おうちでも子どもたちに読んでいただくという取り組みです。やっ君もお母さんと読んでくれるといいなぁ。
六月。学校外でのトラブルのことで、私はやっ君に話を聞きました。

「やっ君、君はこんな事をしたん?」

やっ君は黙っているだけです。

「先生はこれをやっ君がしとっても、やっ君をダメな子なんて思わんよ。でも自分がしたことなのにごまかしたり嘘ついたりしたら許せん。悪いことをしたらちゃんと怒られて、ちゃんと謝らんといけん。したことは悪いことでも、それを自分で考えて、これからの自分の行動に生かせば、それは〝悪いこと〟じゃなくて、君のこれからにとって〝いいこと〟に変わるんだと思う。もしやっ君がしたんなら、先生も一緒に謝りに行く。先生は学校じゃあ、やっ君のお母さんじゃけえね」

「……先生、俺がした。……謝りたい」

私は、はじめてやっ君がまっすぐ私を見てくれたような気がしました。

それからやっ君は、私に、少しずつ自分から話をしてくれるようになりました。

「先生、俺は『せとうちたいこさんデパートいきタイ』(長野ヒデ子　作/童心社)が好きじゃ。今度の回覧絵本の中に入れてぇや」

この本は、タイのたいこさんがデパートに行って、いろいろな売り場を見物したり事件を引き起こしたりするお話です。知りたがり、やりたがり、好奇心いっぱいのたいこさんの目でデパートを眺めると、デパートはおもちゃ箱みたいにすてきな世界です。ストーリーも楽しいのですが、絵の中にたくさん発見があって、それも楽しいのです。

私は、やっ君がこの本をこんなに好きだとは思っていませんでした。優しくてかわいい雰囲気のこの本と、やっ君の取り合わせに不思議な感じがしたのです。でもよく見ていると、朝の会の読書タイムにも、給食を早く食べた時にも、やっ君はこの本を学級文庫から取り出して大切そうに開いています。私は彼のまたちがう一面を見た思いがしました。それまで私には見えていなかった、いえ、見ようとしていなかったやっ君の素直な子どもらしい一面を、この本が教えてくれたのです。

どの本を回覧絵本にするかは、子どもたちが挙手して決めます。その月の回覧絵本に、この本は見事に選ばれました。いつもなら「あれせえよ。これせえよ」というやっ君が、その時は「この本おもしろいよの、の、の。うちで読みたいよの、の、の、の」とみんなにアピールしたのです。選んでくれたクラスの子どもたち、ありがとうという気持ちでした。みんなに選んでもらえて、やっ君はいつの時よりもうれしそうでした。そして後日、そっと私にこう話してくれたのです。

「先生、夕べお母さんが、たいこさんを読んでくれた。やっぱ、たいこさんはええよ」

私には、照れながらお母さんに本を読んでもらっているやっ君が見えるようでした。

回覧絵本はクラスの子どもたちを一周するのにほぼ三か月かかります。一か月のベスト五を選んで、二セットにして回します。だから三か月もすると、クラスの中で常時六セット位の回覧絵本が回っていることになります。すると二週間に一回位のペースで好きな本が読んでもらえるという幸せなことになるのです。

保護者の方からも、

「うちで子どもが本を読んでいるんです、自分から。こんなことはこの子が生まれてはじめてです」「私も読んで楽しんでいます。私自身、久しぶりに読書をしている気持ちです」「久しぶりに子どもに本を読みました。子どもと私にすてきな時間をプレゼントしてくださってありがとうございました」

といった感想が寄せられ、うれしい気持ちになりました。

お母さんの声に包まれ、「あなたが大切だよ」というメッセージをみんな受け取っているんですね。私の「だいすきだよ」の気持ちも、きっとみんなに伝わりますよね。

◆◆本の世界をみんなで楽しむ◆◆

一学期も終わりころになると、クラスもぐっと落ち着いて来て、しっとりした心にしみるようなお話も、しっかり聴けるようになりました。本を読んでいても、ときどき子どもたちの吐く息、吸う息が私のそれと重なって、みんながいっしょにかたずをのんで、一冊の本に集中していることを感じることがありました。そんな時、クラスで本を読む醍醐味を感じ、心からその瞬間を楽しむことができるのでした。

そこで二学期は少し長いお話にも挑戦することにしました。最初に読んだのは、私が好きでよく読んでいる岡田淳さんの本でした。『星モグラサンジの伝説』（岡田淳　作・絵／理論社）は、もぐらのサンジの自由闊達《かったつ》な行動と、それがもぐら界で伝説となっていく様が語られる、読みはじめたらやめられない物語です。これは子どもたちに大受けでした。ほぼ一章ごとに読んだのですが、子どもたちはその日の章が終わると、次のサンジの活躍を予想し合うようになりました。

「北のもぐらの使者の次は、きっと南・東・西のもぐらの使者じゃろう」

「今度は建物を食べるかも」

「おしまいにはサンジが星になるんかねえ」

「本物の星を食べるんじゃないん？」

でも不思議なことに、お話の先を自分で読む子はいません。私の本棚にあるサンジの本にはさわらないのです。

亜紀ちゃんはこの本が気に入って、家でも買ってもらったようです。お母さんがおっしゃるには、その日私が読んだところまでは読むけれど、その次は読まないのだそうです。「どうして？」とお母さんが尋ねると、「だってみんなといっしょに先生に読んでもらうのが楽しみなんだもん」と答えたそうです。みんなといっしょにドキドキしたり、どうなるのか話し合ったりすることが楽しいのですね。それがクラスで本を読んでもらう魅力なのかもしれません。きっとみんなも同じ気持ちだったのでしょう。

さて、このサンジのお話は長い物語なのですが、一〇日ほどで読み終えました。

「先生、岡田淳さんの本をもっと読んで。すごく楽しい」

この声におされて、舞台が四年一組ということもあり『びりっかすの神さま』（岡田淳作・絵／偕成社）を読むことにしました。成績がびりの子にだけ見える、背広姿で背中に羽の生えたうらぶれた妖精。その神様を見るために、そしてテレパシーを通じ合わせるために、離ればなれのクラスみんなの心が一つになっていくのです。本当のがんばりとはなにかを、リレーをめぐる一生懸命な登場人物たちの様子から考えることもできたようです。

さっそく「よーし、みんなで0点とろうやあ。ぼくらにも神様が見えるぞ」

「点が悪くても神様が見えるんならいいかも」

「それよりテレパシーよ。そりゃあ便利じゃろう」と、やかましいこと。本では最後に、クラスみんなの心を一つにして神様は消えてしまいます。

「同じ四年一組じゃもん、神様がおったらええね」

「びりっかすの神様がおるクラスってそれ、いいクラス？　嫌なクラスじゃろう？」

「先生、テストの成績順にすわる？　神様が来るんじゃない？」

「えーっ、いやよぉ。神様が見えんでもええ。それ反対！」

この本を読んだ後、いつもにぎやかな四年一組が、エアポケットに落ち込んだようにシーンとした時には、いつもだれかが、「ねえ、今、だれかテレパシー通じた？　神様が見えた？」と聞いて、その後、蜂の巣をつついたような大騒ぎになるのでした。でも本当は私も、子どもたちが変に静かだと、「今、テレパシーで話しているのかも？」と、子どもの顔をじっと見て探っていたのです。

その後、『いたずらおばあさん』（高楼方子　作　千葉史子　絵／フレーベル館）『キャプテンはつらいぜ』（後藤竜二　作　杉浦範茂　絵／講談社）『チョコレート工場の秘密』（ダール　作　シンデルマン　絵／評論社）などの本を次々に読んでいきました。子どもたちは思い思いの感想を言い合ったり、同じ作家の別の本を読んだりして、本の世界を楽しむことができたのです。

◆子どもたちがつけた私の成績表◆

三月末、このクラスと別れる時がやって来ました。五年生になる時はクラス替えがあります。私も多分、転勤です。最後の日、みんな私の成績表を書いて来てくれました。

「先生は勉強の教え方はけっこういいと思う。わけは細かいとこもきちんと教えてくれるから。あとぼくが整理ができていない時、教えてくれる。せいかくはま〜あふつう。だけど二重人かく。すぐ泣く。後は明るい。でもいつも本を読んでくれるからラッキー」

「じゅぎょう—わかりやすい　お話—長い　体育の見本—していない　じょうだん—ふつう　天然ボケ—よくある　やさしさ—すごくやさしい　おこった時—すごくこわい　泣く時—すぐ泣く　絵本—うれしい　しゅくだい—ふつう」

「勉強の教え方✿　本の読み方✿　注意のしかた○　しゅくだいは多い？○　体力△　人の話を聞く○　う〜んまあまあかな。せいせきはいいでしょう。✿じゃなかった所は次から気をつけて。これからもっともっと本を読んでください」

「ぼくたちにいっぱいの本を読んですごかった　いろいろ気づかってくれてうれしかった　いけない事をおこってくれて目がさめた　勉強を教えてくれてとっても助かった　先生百点」

「整理は△です。あわててなおさなくてよし。教え方✿です。本の読み方✿ちゃんと気持ちをこめて読めました。顔×。ふつうの時は✿なのですが、卒業式とかのあつげしょうはやめましょう。自分の顔に自信を持ってください。ふくそう✿いろいろ似合う服で来ているのですごいです。わたしはこんなところかな。ふつうの先生、だいすきだよ♪」

「教え方＝大変良い　お話＝やりすぎだけど楽しい　自分の仕事＝いそがしくてもやっている（ほとんど）　給食のぎょうぎ＝ふつう　時間通りに終わる＝終わらない　一番楽しい先生のじゅぎょう＝国語（特に本を読む時）　歌声＝大きくてきれい　本を読んでくれて楽しかったし、うれしかった。じゅぎょうのと中に話してくれたりして楽しかったです。この一年間ほとんど良い」

「宿題の量・ちょうどよい　読んでくれる本のおもしろさ・大変よい　生徒にやさしくする・よい　先生が担任でよかったと思います。本もとっても楽しいです。これからも学校の先生としてがんばってほしいです」

「みんなに本を読む✿時々読まない時もあるけど、その読まなかった分またいっぱい読んでくれるから✿だと思う。いつも本を読んでくれるからと〜ってもうれしい。おこった時以外いつもわらっていると思う。時々おこる時もあるけど、でも✿だよ。」

「歌がとてもうまい　え顔がとてもいい　おもしろい本をいっぱい読んでくれる　整理

整とんはまあまあ　また五年生も奥田先生がいいと思っているけれど、なれるかどうかが心配です。でも先生のことはぜったいにわすれたくありません」

子どもたちの作ってくれた成績表を見ていると、ウーン、本のおかげでぎりぎり及第かな？　と思います。泣き虫と評価される通り、涙が出て来ました。普通でいいよ、無理しないで、と語りかけ、整理整頓と長い説教（？）が今一歩と助言してくれ、何より本を読みがたったことを、うれしいと喜んでくれる子どもたち。私がやってきたことは、ただ好きな本を読み続けただけだったのです。

読みがたりは、なんとたくさんの幸せを私にプレゼントしてくれたことでしょう。小さいころから本を読むことが好きな私でしたが、子どもたちに読むことは、その何倍ものドキドキを、何倍ものワクワクを私に与えてくれます。

今日も私は教室で本を読んでいます。そしてもちろん、これからも読んでいきます。

［広島県広島市立早稲田小学校教諭］

本から入って出口はいっぱい

角　淳子

◆出会いの日に読んだ本◆

「一五年ぶりの四年生。どんなことができるかなあ。楽しみ、楽しみ」

新年度の担任が決まり、子どもたちと出会うまでの数日。はじめての出会いを、どの本にするかで毎年、楽しみながら悩み、迷っています。

二〇〇三年度は、久しぶりの四年生でした。四年生というと、何でも確かめてみようという、やる気にあふれた学年です。この意欲はきっと、私が毎日続ける読みがたりでも、いろいろな活動につながるだろうなあと、確信を持って始業式を心待ちにしていました。そして、子どもたちとの出会いを大切にする《出会いの一冊》は、ほかの日にはない意味を持たせたいと思い、慎重に本を選んでいました。そんなとき、イラク戦争がはじまったのです。

私が読みがたりを知って、ずっと意識してきたこと――それは《生きる、命》ということでした。その意味からも、またとない《この日の一冊》を選びました。書名は『ひとりじゃないよ　21世紀に生まれてくる子どもたちへ』（アムネスティ・インターナショナル日本支部　編／金の星社）です。テレビや新聞などの報道で、すでにほとんどの子どもたちがイラク戦争がはじまったことを知っていました。

「先生、どうして戦争は起こるの？」

「戦争って、こわいだろうなあ」などなど、素直な疑問をぶつけてきました。

毎年の出会いの日には、これからの毎日が楽しみでたまらなくなるようにと、『ぼちぼちいこか』（セイラー　文　グロスマン　絵　今江祥智　訳／偕成社）や、『ねえ、どれがいい？』（バーニンガム　作　松川真弓　訳　評論社）などを選んでいました。ですから、緊張して顔の表情の硬かった子どもたちも、大きな声を出して笑ったり、「クモのスープがいい！」「砂漠はいや！」と言い合っているうちに柔らかな表情になり、一体感を感じ、安心という心地よさを感じていました。

しかし、今年は今までにない、自分にとっても冒険とでもいえるような本を選んだのです。この『ひとりじゃないよ』には、いろいろな立場の人の平和を望む、熱い想いが載せられています。その中のいくつかを紹介しました。

じっと絵を見つめて、私の言葉に静かに耳を傾けています。読み終わっても、だれもなにも言い出そうとしません。

「初日から、この本は四年生の心には重すぎたかなあ」と思いつつ、黒板に本を立てかけると、

「先生、ほかのところも読んで」「全部読んで」と、いくつもの声がするのです。

そうでした。なにも声が出なかったのは、絵本の中の言葉を心の中でじっくりと考え、自分と向き合っていたのです。

今まで、子どもたちとの出会いの一冊を、「おもしろい」という楽しさから選んでいたのですが、ほかの切り口にも挑戦してみたいと思わせてくれる始業式でした。

◆◆一日のスタートを読みがたりで◆◆

一日、約一五分。授業のある日を二〇〇日として、何と五〇時間も読みがたりをしていることになります。各教科として学ばなければならないことがたくさんあり、定着も当然図らなければならないのですから、「いつ、どの時間」に読みがたりをするのかが大きな課題になると考えています。四〇人の子どもたちが、聞きたい子も聞きたくない子も、別のことに興味のある子も、全員が共有する時間です。だからこそ、いっしょに聞いていて

楽しいなあと思う経験をたくさんさせて、楽しく幸せな気持ちで今日という日をスタートさせたいなあと思いました。

　まず、読みがたりは朝自習や朝学習の時間。『よいこへの道』（おかべりか　作／福音館書店）『まあちゃん』シリーズ（たかどのほうこ　作／福音館書店）『ともだちや』（内田麟太郎　作　降矢なな　絵／偕成社）など、どの子も身を乗り出して聞いていました。

　そんな本の中の一冊に、『はれときどきたこ』（矢玉四郎　作・絵／岩崎書店）があります。校外学習に出かける一週間ほど前に読みました。新しい法律ができて、ほ乳類と魚類の名前を入れ替えるというとんでもない発想が、大受け。教室では、自分のノートに変更された表を写している子、昨日の夕ご飯のメニューや、自分のペットの話を「はれときどきたこ」式に話そうとする子など、休み時間の会話までノートを片手にしないと訳がわからなくなる始末でした。

また、呼び捨てや「なんやとう」とか「うるさい」という言葉の乱れにも敏感になり、「ことばの神様がおこらはるでえ」と、友だちにいわれて、自分の今までの言葉遣いを素直に反省できるいい機会になっていました。

もちろん、校外学習当日にはノートなしで、「先生、かわいいうなぎがあの家の玄関に寝ているよ」「うつぼの焼いたのが、ぼく、好きや」と、会話が弾んでいました。

◆子どもたちが熱中してブームに◆

こうして、わがクラスに、矢玉四郎旋風が巻き起こったのです。教室にある本棚からはもちろん、学校の図書室に行っても、「あ！　矢玉四郎さんの本、見つけた」「僕も見つけたし、読めたら、取り替えような」と、あっちでもこっちでも本が行き来していました。

授業中も「色鉛筆を机の上に用意してください」「昨日、天ぷらにしたのでありません」「畠山則安やったら、わかるけど……」

しばらくすると、自分たちから読んで欲しい本を持ってくるようになります。いつも一番前の席にすわって本を楽しんでいるＳ君。ある日、「ぼくが今まで読んだ本の中で一番

好きで大事にしている本だけど、みんなに読んでくれる?」といって持ってきてくれたのは、『おしいれのぼうけん』(古田足日、田畑精一　作/童心社)でした。
「『おしいれのぼうけん』は、何回読んでもどきどきしてくるんだ」と言って、みんなに紹介してくれました。
この日をきっかけに、どんどん本の交流が広がりました。

ブーム第二弾は『バムとケロ』(島田ゆか作・絵/文溪堂)のシリーズでした。絵の中の隅から隅まで楽しみ、

「もう一ページもどって、もう一回絵を見せて。あ、あんな所にケロ型の置物がある」

「もっとゆっくり、見せて」

と、休み時間になると本ごとに何人かの集まりができ、待ちきれなくなった子どもの中には家の人にお願いして、買ってもらった人もいました。

このように、絵の中に隠された秘密や別のお話を発見するのを楽しんだ絵本に、『おじいさんならできる』（ギルマン　作・絵　芦田ルリ　訳／福音館書店）があります。木の暖かさとおじいさんの暖かさが伝わってくる絵です。はじめのうちは気がつかなかった子どもたちが、ヨゼフのブランケットがどんどん変化するに従って、縁の下のネズミの家も変わっていっていることに気がつきだします。

ところがもうお話は半ばまで来ていたものですから、「もう一回、はじめから読んで」と言うことになり、読み終わってからも、何人もの子どもたちの手に渡った人気の本でした。

ブーム第三弾は、『ねずみくんのチョッキ』シリーズ（なかえよしを　作　上野紀子絵／ポプラ社）。

一冊目は図書室掃除の当番の子が「この本、楽しいしかわいいから読んで」と選んできたのがはじまりでした。

次の日には、教室には一〇冊のねずみくんの本が集まっていました。それだけにとどまらず、クラスの中でもとてもおとなしいA子が、「休みの日に公立図書館でねずみくんのシリーズを全部借りてきたよ」と、重いかばんから何冊もの本を取り出してくれたのです。そして、「学校になかった本は、この本とこの本だからね。今日は、この二冊を読んでね」と、渡してくれたのです。自分からこんなに積極的に話をしてくれたのは、この日がはじめてでした。この日をきっかけに、A子の本への関わりをクラスの子どもたちに紹介することが増えました。

いままで実践として紹介してきた本は、どの本も字が大きく、子どもたちが自分で読んでも、すぐに読めてしまう本です。けれど、子どもたちは、毎朝の読みがたりを心待ちにし、楽しんでいます。そして、どんどんと子どもたちの生活の中に本が自然な形で存在するようになってきたのを感じています。

またなによりも、直接、声で語られるここちよさを子どもたちは共通体験し、その世界を進んで広げようと、たくましく成長を続けているのを感じます。

◆◆教科学習の中で生きる本◆◆

もちろんすべての学習の中に、本は生かしていくことができます。

今年、とくに子どもたちの必要性にぴったりだった本があります。『だんまりこおろぎ』

（カール　作　くどうなおこ　訳／偕成社）です。

二学期になり、秋の自然探しをしたときのことです。たくさんの昆虫を捕まえたり、草花を摘んだりしてその絵を描くことにしました。形を描き、色を塗る時間になりました。

「色の三原色から自然の色を作ろう」と声をかけておいたので、どの子も色づくりに苦労していました。

「どうしても、コオロギの体の黒色がいるんだけど、うまく作れない」と、悩んでいるのです。そこで登場したのが『だんまりこおろぎ』です。

はじめは、小さくて弱そうなコオロギの子が、力強くりっぱなコオロギになり、きれいな声で鳴くと、子どもたちの「おおー」と言う声が広がりました。そして、一ページ一ページに描かれたコオロギ。その羽の色、体の色など、いままでは真っ黒だと思っていたのに、こんなにたくさんの色があったんだということに気がついたのです。その後は、自分で色試しをしながら、どの子も自分だけのコオロギを完成させることができました。

◆◆続きが待ち遠しい本◆◆

「きょうはここまで、また明日」

「えー、もうちょっとー」

意地悪っ子になった気分。次の日が待ちきれなくて「貸して、貸して」の嵐になることもたびたび。こうなったのは、『あらしのよるに』シリーズ（木村裕一　文　あべ弘士　絵／講談社）。次はどうなるのか、どうなるのかと、どんどん想像がふくらんでいき、自分の考えを友だちと話し合い、「もう、今日こそばれると思うな」「このままでいいんかなあ」と、二人の友情の行方に、はらはらどきどきの毎日でした。

ところが、最後。「こんなことって、あっていいの？」「おおかみも、やぎも悲しすぎるよなあ」と、大きくため息をついていました。

おおかみつながりで、クラスで人気のあった本は『オオカミチビ太のわるい子ノート』（ホワイブロウ　作　ロス　絵　なかがわちひろ　訳／講談社）です。弟の面倒を見たり、お手伝いを進んでしたりと、とってもよい子のように思えますが、おおかみの世界では、そんな子はおおかみの風上にも置けない悪い子なのです。そこでチビ太は、悪い子になるために「おおわるおじさん」のところで修行をすることになりますが……。

はじめのうちは頼りなく、家に帰りたいとばかりいっているチビ太が、おおわるおじさんの嘘を見破ったり、自分の本当にしたいことを見つけたりと、どんどん成長していく様子に自分を重ね合わせているのでしょう。男子にも女子にも受けた本でした。早く先を読みたいからと行って、学校に来ている移動図書館に予約をして、届けてもらう子も何人かいました。

『アマーリア姫とこうもり城』（フーノルト　作　松沢あさか　訳／さ・え・ら書房）も、わくわくどきどきを十分に満足させてくれる本です。ゆうれいのアマーリアが、人間の友だちフィンの協力を得て、王立ユウレイ学校に入るために入学テストを受けます。四五〇年前のライバル、エドウアルトとどちらが先に課題を解決した証拠を持って帰ってくるかで、合格できるかどうかが決まるのです。

本に出てくる登場人物を「毛むくじゃらの頭に、こうもりの耳が三本だって」「どこにどういう風に生えてるんかなあ」と、友だちとノートの絵を描いて、創造をふくらまして楽しんでいました。

この本にも、二巻、三巻と続きがあるので、自分たちで公立図書館で借りたり、買ってもらったりしてどんどん読み進めていきました。読みたくなる気持ちにどのようにもっていくか、読みたくなる本をどこでどのように紹介していくかなど、子どもたちの反応を見ながら私も楽しんでいます。

◆◆子どもたちの活動の中で生かされる本◆◆

「自分たちにも本をみんなに読んであげる時間をください」と言いに来たのは、クラスの本係でした。みんなにアンケートをとって読むというのです。何冊かの候補を、まず、係で選び、その中から一冊を選んでもらうという方法でした。

「みんなに本を読み、聞いてもらうという喜びを、とうとう知ってしまったか」と思うぐらいに計画的に進めていきました。休み時間には読む練習を何度もしています。移動図書館が来る日には、係全員がカードを持って本を選んでいます。本を読むのが苦手なM子も声を大きく出して、聞き手の方を向いて読んでいます。聞く方も私が読んでいるときとなんら変わることなく、聞いています。時々、本にそっと手を伸ばしてみんなが見やすいように向きを変えている子はいますが、もちろん私も聞き手の一人になり、お話を聞く心地よさを味わっています。

次に保健係が、「みんなが、歯磨きをしてくれるように、ポスターを作って、本を読みたい」と、訴えてきました。『はははのはなし』（加古里子 作・絵／福音館書店）を選んできました。ところが、はははははははは……と、乳歯や永久歯が「は」の連続で表現してあったのです。ここをどう読むかを何度も読んで工夫していました。

結局、「ははははははは……。これが乳歯の数です」と読んだのでした。

ほかにも『はがいたいかいじゅうくん』（インピ 文 アレン 絵 いわきとしゆき 訳／アスラン書房）『コッケモーモー』（コンテ 文 バーレット 絵 たなかあきこ 訳／徳間書

店）『スマッジがいるから』（グレゴリー　作　ライトバーン　絵　岩元綾　訳／あかね書房）などの本が、係の活動の一環として定着していきました。

なぜ子どもたちに本を語るのでしょう。まず、自分が楽しいからです。子どもたちの聞いているときの目が、顔がきらきらしているからです。そして、子どもたちは聞いているだけにはとどまらず、次の活動のエネルギーにしていることが、びしびしと伝わってきて、それがうれしいからです。

これからも、本と子どもたちからパワーをもらって、本の可能性をもっといろいろ試してみたいと考えています。

〔滋賀県大津市立瀬田北小学校教諭〕

忙しい毎日の中で私の工夫

日高　良子

◆何歳になっても読みがたり◆

この一〇年近くはずっと五、六年生を担任することが続いています。そしてこの一〇年前というのは、私が「この本だいすきの会」に入会した時期でもあります。低学年の担任が続いた後でしたから、高学年を担任した最初は、かなり身構えていました。学級経営の柱は、読書指導と民舞と決めていましたが、なにを読んであげればいいのか分かりませんでした。高学年にふさわしい本を読んでやらなくては…とか、絵本を読んだら笑われるのではないか…、もしかすると「自分で読むほうがいいよ」と拒否されるのではないかと、不安もいっぱいでした。

そんなある日、小学二年生になっていた末の息子に久しぶりに本を読んでやろうと思い、布団の中で絵本を開いて読みはじめたところ、いつの間にか小学六年と中学二年の兄たち

が脇に来て聞いていたのです。

「おもしろいの?」と尋ねると、

「うん、久しぶりだね」

「懐かしいね。小さい時はよくこうして布団の中で聞いたんだよね」という返事でした。

さらに「それでさ、いつもママは読んでいる途中で居眠りはじめちゃってさ……」

「そうだったよ。同じ所ばっかり読んでいたこともあったよね」

保育園のころの思い出話がはじまりました。

そんな様子を見ているうちに、子どもは何歳になっても読みがたりが好きなのだということが分かりました。そして、あしたから教室でも、自信を持って読みがたりをはじめようと思ったのです。

◆◆読みがたりを支えてくれた子どもたち◆◆

私は新しいクラスを担任した時に、必ず子どもたちにアンケートをとります。内容は二つ、①どんなクラスにしたいですか？　②担任に希望することはなんですか？

すると子どもたちは「本当になにを書いてもいいの？」と、必ず聞き返します。すかさず私は「もちろんよ。希望は大いに結構。出来ないこともあるかもしれないけれど、君たちが賢くなって学校が楽しくなるようなことなら先生も頑張るよ」と答えます。子どもたちはシラけることもなくまじめに書いてくれます。

毎年やっていますが、いつでも第一位は「宿題を少なくしてください」です。決して「宿題をなくしてください」ではないのです。この言葉には、子どもたちの賢くなりたいという思いがこもっていると思います。

そして数は少ないのですが、「本を読んでください」という希望も必ずあるのです。とても嬉しいです。そしてたった一人しか希望がなくても、翌日発表する《先生の約束》の中には、しっかりと「毎日読みがたりをする」という項目が入っているわけです。

五年生を担任したときのことです。場面緘黙《かんもく》の女の子がいました。朗読は辛うじてやるのですが、なにを聞いても答えてはくれません。四年間も学校では喋らないできたのだから、無理することはないと思っていましたが、彼女のアンケートには「本が好きです」と書いてあったのです。読んでくださいとは書いてありませんけれど、私には読んでほしいといわれたような気がしたのです。

彼女が聞いてくれていると思い、毎日読みがたりをしました。そして夏休み、彼女から届いた暑中見舞いには、「先生、二学期もたくさん読みきかせをしてください」と書いてありました。

学校では私がなにを聞いても、頭を振ったりうなずいたりするだけで決して答えてはくれないのですが、手紙や作文の中では少しずつ思いを伝えてくれるようになってきたのです。卒業までの二年間、ほかのだれよりも彼女が聞いてくれるからという思いで、私の読みがたりは続きました。

中学生になった彼女は、毎朝友だちと楽しそうにお喋りしながらバドミントンの朝練へ出かけます。「おはよう」と声を掛けるとちょっと驚いたような顔をした後、とてもすてきな笑顔で会釈を返してくれます。そして今でも季節のあいさつには、「先生、今でも本を読んであげていますか」と締めくくってあります。

彼女との出会いは、私の読みがたりを支えてくれる大きな柱です。

◆◆荒れていた子どもたちが変わった◆◆

高学年の担任になると、学級崩壊と呼ばれそうなクラスや、キレる子どもを受け持つことも多くなります。「前評判」の高かった六年生を受け持った時のことです。

私のいう事、する事すべてに反発するHらに、「本の読みがたりをしたいと思うのよ。聞きたくない人は無理に聞かなくてもいいけれど、聞く人のために静かにしてもらえると嬉しいんだけれど。どうかしら？」と提案すると、

「べつにー、勝手にやればー」という返事が返ってきました。

なにを言われても冷静に受け答えようと身構えていたのに、拍子抜けしてしまいましたが、その日からはじまった読みがたりは、卒業式の前日まで続きました。そして、彼らは毎回静かに耳を傾けてくれたのです。

しかし聞いている格好というと自由勝手に、教室の後ろの壁まで机を運んでいって顔を伏せている子、窓側に机を運んでいって外を見ている子、出来るだけみんなから離れて椅子にふんぞりかえっている子もいました。それでもちゃんと聞いていてくれているのは分かりましたから、はじめのころは読み終わるたびに、「静かに聞いてくれてありがとう」と、心からお礼を言っていました。

本当に読みがたっている時だけが静かで反発されないので、私にとっても心安らぐ時間だったのです。

スポーツの得意な子どもが多かったので、私の勝負球は体育と読みがたりと決めました。まずは絵本からです。『やさいのおなか』（きうちかつ　作・絵／福音館書店）や『3びきのかわいいオオカミ』（トリビザス　文　オクセンバリー　絵　こだまともこ　訳／冨山房）『おさる日記』（和田誠　著　村上康成　絵／偕成社）で笑いを共有しました。

『せなかをとんとん』（最上一平　文／ポプラ社）『まっくろネリノ』（ガルラー　文・絵　矢川澄子　訳／偕成社）『花さき山』（斎藤隆介　作　滝平二郎　絵／岩崎書店）で心の暖かさを共有しました。

『海をかえして』（丘修三、長野ヒデ子　作／童心社）『せかいいちうつくしいぼくの村』（小林豊　作・絵／ポプラ社）『おこりじぞう』（山口勇子　原作　四国五郎　絵／金の星社）では平和について考える機会を共有しました。

二学期になって少しずつ長い話を読むことにしました。最初に読んだのは『のんびり転校生事件』（後藤竜二　作　田畑精一　絵／新日本出版社）でした。夏休みが終わってすぐ運動会の練習がはじまりますが、民舞『南中ソーラン』の練習と、衣装の長半纏《はんてん》作りと読みがたりで毎日がすぎたといっていいほどでした。今まで反発ばかりしていた子どもたちもになったのです。

だんだん、「先生　今度はなにを読んでくれるの?」と、本の話題で話しかけてくるよう

◆◆一年生に読みがたる六年生◆◆

「六年生から一年生への読み聞かせ会」という取り組みをしました。これは、六年生が一年生に一対一で絵本を読んでやるのです。そのために一週間も前から本を選び、家で練習した後、グループごとに一人ずつみんなの前で読んでみて、批評してもらうこともしました。最高学年としての誇りを持って取り組んでほしいと思い、本の選び方・語り方・読むスピードなどを一人ひとりにアドバイスしましたが、何時になく緊張しているので、どの子どももしっかり聞いてくれてちょっと驚きでした。

当日の六年生と一年生の組み合わせは、全くランダムなのです。読む場所も自由です。一番人気は和室です。座布団を敷いて正座をして読んでいる六年生の前には、これもまた座布団の上に一年生がちょこんと正座をしてお話を聞いているのです。押し入れの襖がちょっぴり開いているので、どうしたのかと思って開けてみると腹ばいになった二人が、広げた絵本に襖の隙間から入ってくる明かりを当てて読んでいたのです。

「開けちゃ駄目だよ」と言われて慌てて閉めましたが、あまりの微笑ましさに頬が緩みっ

放しでした。ほかの子どもたちはどこで読んでいるのかと探してみますと、いました、いました。屋上のあちらこちらに散らばってすわったり寝転んだりしています。

元気な一年生が、腹ばいになった六年生の背中に馬乗りをしてほっぺたをくっつけるようにして聞いていたり、大きなお兄さんの隣にピタッとくっついて絵を覗きながら聞いている女の子は、まるで兄妹のようでした。この取り組みを通じて、子どもたちの心がますます豊かになったように思いました。

三学期になると、なにか思い出になる読みがたりに挑戦しようと考えた結果、『冒険者たち—ガンバと15ひきの仲間』（斎藤惇夫　作　薮内正幸　画／岩波書店）に決めました。これは私にとって大きな冒険でした。

「今度読む本は、君たちに贈る本です。この本に出てくるガンバや一五匹のネズミたちは、中学校へ進む君たちと同じように、冒険の待ち受けている島に向かって船に乗るんだよ。いろんな性格のネズミ出てくる、わくわくするお話だよ」と説明してから読みはじめました。

六年生の三学期はどこでも同じように大変な忙しさです。子どもたちがお話に夢中になり、読みがたりの時間を待っていてくれるようになったのに、読めない日も多くなりました。そのうちに子どもたちの机の上に、一冊　二冊と『冒険者たち』の本が並びだしたのです。あまりにも進まないのでしびれを切らせてしまったのでしょう。

「もう読んじゃったの?」と尋ねると、

「大丈夫だよ。先生が読んだ所までもう一回読んでいるだけだから」との返事でした。

しかし最後の一週間になった時、「先生、無理しなくていいよ。ゆっくり読んでよ。残りは自分で読むからさ」と言ってくれたのでした。卒業式の前日で私の読みがたりは終了しました。

この子どもたちは、読みがたりの持つ力を一番教えてくれたのですが、同時に私自身の見通しの甘さ、未熟さをも教えてくれたのでした。

◆◆読みがたりタイムの工夫――給食の時間に◆◆

二〇〇二(平成一四)年度から学校はとても忙しくなり、授業の中での読みがたりはなかなか出来なくなりました。それで見つけた私の読みがたりタイムは、給食時間です。子どもたちが食べている時に読むのです。子どもの評判はいいのですが、絵本だと絵に見入ってしまって食べることが止まってしまうという欠点があります。それに、栄養士の先生が聞いたら、しかられてしまうかもしれません。「ながら食はいけません」と……。

そこでこの時間はできるだけ楽しいお話を読むようにしています。『びりっかすの神さま』（岡田淳　作・絵／偕成社）や『大どろぼうホッツェンプロッツ』（プロイスラー　作　中村浩三　訳／偕成社）はとくに大好評でした。しかし長いお話の時は、放送委員会の子どもは当番になると放送室で給食を食べるので、お話の続きが聞けません。するとと「先生、今日はどこまで読んだんですか。その部分だけ読みたいから貸してくださいさい」と言って本を持って行き、昼休みに読んでいました。そして「先生、きょうのところだけ読みました。あしたのところはお楽しみにとっておきました」と、ニコニコして返してくれるのです。

仲のよい友だちもそばにいて、「よかったね。これで一緒だね」と喜んでくれている姿が、とても微笑ましかったです。

もう一つ思いがけずに良かったことがあります。それは今まで給食の前の手洗いに行くと、なかなか帰ってこなかった子どもたちが、「先生、今日もびりっかす読んでくれますか？」と聞いてくるようになり、「もちろん読みますよ」と答えると、すぐに席に着いてくれたということです。

◆読みがたりタイムの工夫――道徳、図書の時間に◆

高学年ですと図工や音楽という専科の授業は、午後の五、六時間目が多くなります。昨年からはじまった算数の少人数授業やTTの授業も午後に入ってくることも多くて、五時間目のはじめに読むこともままなりません。そこで道徳の時間と図書の時間は、週に一回必ず確保していますから、この時間に読むことにしています。

五月の道徳は、《生命尊重》です。障害を持っていてもたくましく生きている人たちのことを知ってほしいと思って、『口で歩く』（丘修三　作　立花尚之介　絵／小峰書店）を読んだときのことです。

「今日の道徳は、体に障害を持っている人の事を書いた本の紹介します」と言うと、すかさずT君が、「分かってるよお。どうせ障害者には親切にしましょう、って話だろー」と、いつものように声を上げます。

「あら、T君はこの本もう読んじゃったの？」

「読まなくたってそんなこと、わかるよ。四年生の時だってやってるし、つまんねえよー」

T君は四月七日の始業式の日から、なにかにつけて「うるせえんだよ。文句あるのか。知らねえよ。関係ねんだよ。死ね」という言葉ばかりをぶつけてくる子どもです。しかし、読みがたりを聞くのはだいすきで、私が本を開くといつも一番前に椅子を持ってきて聞いてくれるのもT君です。

乱暴でわがままな性格ですが、自分の気持ちに正直です。ほかの子どもたちなら心に思っていても決して口に出さないことでも、はっきり言ってしまうのです。

そこで「みんなも障害のある人の本というと、T君と同じ事を考えていたんじゃないかしら」と聞いてみると、あちこちで小さくうなずいている姿が目につきました。

そこで本の表紙を見せると、T君が「口でどうやって歩くんだよお」と叫び、ほかの子どもたちもわいわい言いはじめました。

題名だけでこれほど盛り上がったのは『ワンピース戦争』（丘修三　作　杉浦範茂　絵／童心社）以来です。少し長いお話なので二回に分けて読みました。

いつもはやらないのですが今回は、お話を聞きながら登場人物についてメモをとってもらいました。子どもたちは主人公のタチバナさんよりも、途中で出会った学生やおばさん、おじいさん、男の子に強く興味を引かれたようでした。つまり自分自身がタチバナさんになって、いろんな人物に出会っている体験をしていたのだと思います。メモをすることでその時々の気持ちがしっかりと心にとどまり、同情したり、怒ったり、喜んだり、感動したりと主人公と気持ちを共有することが出来たのです。これからも時々メモをしながらの読みがたりをやってみたいと思います。

高学年の子どもたちでも、読みがたりを喜んで受け入れてくれます。もちろん一人で読むことも好きです。「高学年だから自分で読むことを大事にしたい」とおっしゃる方が多いですが、高学年にアンケートをとった時、「お母さんや先生に読んでもらうのが好きだ」という答えも結構あるのです。

また家庭での読みがたりを呼びかけた時の保護者の感想には、

「小さい時のお気に入りの本を寝る前に読んであげました」

「学年が上がるにつれて子どもの方から本を読んでと言ってくることは、一〇〇パーセントありません。こういう取り組みがあると、多少のことは後回しにしてでも本に向かうことができたり、話し合えたりできて、うれしいです」

「夕食後の三〇分位ですが、子どもと交替しながら順番に読んでいきました」――などがありました。学校からの働きかけも大切だとわかります。

いつでも、どこでも、だれでも、だれにでも、読みがたりをこれからも続けていきたいと思います。

［東京都葛飾区立中青戸小学校教諭］

優れた作品が生みだすはずむ心

石崎　恵子

◆◆感動のバトンタッチ◆◆

新学期を迎えたばかりのころのことです。

「先生！」

放課後、遅くまで残って図書室で仕事をしていた私に、声をかけてくれた卒業生がいました。元気のいい運動ずきの正也でした。

びっくりしている私に、「地域開放のバドミントンクラブで体育館に行くところだけど、図書室に電気がついていたからのぞいてみた」と言いました。

「先生、今年の子にも本読んでやってる？」

「うん、読んでるけど……？」

安心半分やっかみ半分かな、というのは私の勝手な憶測ですが、そんな表情をしながら、

彼は続けて言いました。

「『冒険者たち』絶対に読んであげなね」

私は六年生を担任すると、必ず『冒険者たち』（斎藤淳夫　作　薮内正幸　画／岩波書店）を読むことにしていました。いつの六年生も大変感動して聞き入ってくれたからです。正也もまた、一番心に残っている作品がこれだったのです。その感動した本を、次の学年の子たちにも読んでやってほしいと言うのです。

卒業式の日に、佳奈恵と優子が連名で私にくれたカードの中にも、

「いつも厚い本を読んでくれて、うれしかったです。私たちは『二分間の冒険』（岡田淳著　太田大八　絵／偕成社）や『冒険者たち』などの厚い本を読んでくれたとき、とても感動したので、今度私たちの学校で次のクラス

を受け持つとき、その人たちにも『冒険者たち』などの厚い本を読んであげてください。絶対感動すると思います。もっともっといろいろな本を読んで、みんなを感動させてください。また会いに来ますので、よろしくお願いします」と記されていました。

本をなかだちとして、次から次へと感動が子どもたちの間でバトンタッチされていくようで、なんともうれしいことでした。

また玲子からは、中学生になったお正月にこんな年賀状をもらいました。

「あけましておめでとうございます」の文字がはがきの中央に楕円状に描かれ、その内側には、「先生、お元気ですか？　五、六年の時は大変お世話になりました。先生が読んでくださった『冒険者たち』がとてもよかったので、私は買いました。ほかにも『グリックの冒険』（斎藤惇夫　作　薮内正幸　画／岩波書店）『ガンバとかわうその冒険』（斎藤惇夫作　薮内正幸　画／岩波書店）も買い、どれも短期間のうちに読み終わりました」と、小さな丁寧な字でぎっしりと書き込まれていました。

まだ書ききれず余白に、「良い本を読んでいただき、本当にありがとうございました。先生が読んでくださった本は、どれも気に入っています。本当にありがとうございました。今度の一年生にも本をいっぱい読んであげてください。では、よいお年を……」

そしてさらに、その回りにも草の蔓がからむようにくねくねと、「おもしろい本をありがとうございました。いろいろな本をありがとうございました。本当にありがとうございました……」と、文字を連ねて賀状を彩っていました。これはうれしい賀状でした。私の宝物です。

またある年、教え子たちが成人式を迎え、町会で祝賀会をしてもらったときのこと。担任だった私も招待されました。二クラスだったのですが、もう一人の先生はご都合で来られませんでしたので私が、集まった一人ひとりのグラスに飲物を注ぎながら、「おめでとう」を言って回りました。

その時、何人もの隣のクラスの子が、「先生、また本読んでくださいよ」と言って、ここにことグラスを傾けました。それが親しみを込めた彼らの挨拶だったのです。

小学校で本を読んでもらってうれしかったと、卒業後まずそのことを思い起こす子どもたちや、「次の学年の子たちにも読んでやってね」と、感動のバトンタッチを求める子どもたちを見ていると、私は「読みがたり」が、いかにすばらしいものであるかを思い知らされるのです。

◆◆「耳から読む」となお楽しい◆◆

高学年の担任になっても、どんなに忙しくて時間がないように思えても、私がやっぱり絵本や物語の読みがたりは欠かせないなあと肝に銘じたのは、一八年前、ちょっとユニークな五年生のクラスを受け持った時からでした。

クラス替えをしたばかりのこのクラス。はじめのころは、「これは読みがたりどころではない！　生活のけじめ、学習のけじめ、心のけじめが先決だ！」なんて嘆いたものでした。

この学年は四クラス編成で、子どもたちは新しい仲間たちや新しい担任との出会いで、不安と期待の高まるスタートだったようです。私もこの学校に転任してきたばかりで、同じ気持ちでした。

少し後になって気づくのですが、一部の子どもたちの期待の眼は、「真ちゃんをどうにかして！」だったのです。

真太郎は、大変スポーツが得意で遊びも上手でした。きまりを無視して傍若無人に遊びまくる名人で、男の子ならだれでも彼といっしょに遊びたいと思っていました。彼と遊んでいると、ほんのちょっとの休み時間でも楽しい遊びが展開されるからです。それらの多くは、禁止されていることだったり、とんでもない隠れ技だったりするのですが、とにかく楽しいのでしょう。

当然、学校や教師たち、時には親たちとも対立します。そこで、自分たちの身の安全

（?）を守るために、つっぱり行為や仲間の造反者（?）に対する制裁や、いじめ行為も発生していました。真太郎は低学年のころから、遊び仲間に絶対的な権力を持って君臨していたようです。そして彼とは別行動をとる、おとなしいグループに対しては、いつも牽《けん》制球《せいきゅう》を送り、さげすんだりする言動が見られる状況でした。

私と真太郎は時々対立し、彼との関係にも溝が出来はじめました。そんな時、助けてくれたのが本でした。

ある日の放課後、乱れた机の整頓などをしているうちに、真太郎の机の中に『11ぴきのねことあほうどり』（馬場のぼる　文・画／こぐま社）が入っているのを見つけました。翌日、私は『11ぴきのねことあほうどり』ともう一冊、同じシリーズの『11ぴきのねこふくろのなか』を持って教室に入っていきました。

「私のだいすきな絵本なの。聞いてくれる?」

すると、案の定、真太郎の目が輝きました。

「オレ、オレ、オレ！　それ持ってる！」

と言って机の中の本を出し、高く挙げました。

「あ〜ら、真ちゃんも読んでたの？　すご〜い。この本とってもおもしろいのよね。みんな、知ってた?」

真太郎は得意顔。つっぱらずとも注目の的になり、得意になれたその顔は、とてもかわいく思えました。彼がご機嫌なので、みんなもなぜか安心してゆったりと聞き浸ることができました。

この絵本のいたる所にちりばめられたユーモアや、どんでん返しのおもしろさに、みんな大笑いでした。二冊目の『11ぴきのねこふくろのなか』も大好評。

ねこたちは「あそこにもたてふだがあるよ」「木にのぼるなだって」と言いながら、次のページでは全員木にのぼって、すましてうれしそうにお弁当を食べているのです。

子どもたちはそれをどう見ただろうか……。いろんな思いを交錯させながらも、このおおらかな作品を、ほっとした、安堵の気持ちで楽しんだことでしょう。とにかく爆笑の連続でした。楽しいことに浸りきって、なんの気遣いもなく笑いあえる――これが、このクラスにどんなに必要だったことか。この瞬間が貴重なのでした。

この本を持っていた真太郎自身も、実は、「オレは分厚い本なんか読まねえぞ」と言って、「読書のすすめ」に反発して、このまんがのような本を手にしていたようですが、読みがたりを聞くことによって、パラパラとページをめくって見ていたのとは格段にちがって、絵本の楽しさを十分味わうことができ、心ゆくまで楽しんでくれたようでした。

こういう楽しい本をクラスのみんなと読むことで、教師の心も柔らかくなっていきます。

これをきっかけに、真太郎と心がつながったようにも思えました（もちろん、行きつ戻りつでしたが……）。

それから続けて『ぼちぼちいこか』（セイラー 作 グロスマン 絵 今江祥智 訳／偕成社）『17かいのおんなの子』（後藤竜二 作 福田岩緒 絵／童心社）『どろんこハリー』（ジオン 文 グレアム 絵 渡辺茂男 訳／福音館書店）『オリバーくん』（クラウス 作 アルエゴ 絵 長谷川四郎 訳／ほるぷ出版）『くまさぶろう』（もりひさし 作 ゆのせいいいち絵／こぐま社）『おっとあぶない』（リーフ 作・絵 渡辺茂男 訳／学習研究社）などの楽しい本を読み、やがて長編を読むようにしていきました。

◆忙しくても、やっぱり読まなくては！◆

五年生の三学期のこと。『のんびり転校生事件』（後藤竜二 作 田畑精一 絵／新日本出版社）を教室に持ち込みました。これは絶対に読んであげたいと、意気込んで読みはじめたのに、いろいろなことに押されて、二章までで止まってしまっていました。

その日も職員朝会が長びいて、大急ぎで教室に駆け込んだものの、一校時目に食い込んでしまい、やはり今日も読めないなあと、授業に移ろうとした時のことでした。

「続き、読んでもらいたいよな……」

英勝がボソッとつぶやきました。めったに不平や不満を言わない、おとなしい英勝がです。するとすかさず、

「おまえ、本好きなのかよ！」

と、冷やかすような真太郎の声。彼の威圧的なものの言い方はなかなか直りません。ああ、困った横やりだなあと心配になって、英勝の様子を見ました。

すると、英勝は「うん……」と答えたのです。

皮肉な言葉が返ってくるかも知れないと思ったでしょうに、英勝がしっかりと意思表示できたことに、私は驚きと安心を感じました。

実はこのころはもう、真太郎もかなり本が好きになっていましたから、否定したのではなくて、冷やかしだったのでしょう。でも真太郎の発言の影響力は、まだまだ絶対的な地位を保っていましたから、英勝にとってはかなりの勇気だったと思います。

この英勝のひと言が誘い水になって、あっちからもこっちからも「読んで、読んで！」と、わくわくしながら連呼するのでした。この日は、三章と四章を一気に読んでしまいました。

主人公の鉄二は、夏休みに作品として作った紙ねんどのらくだをひやかされ、友だちとなぐり合いのけんかをします。四章では、伝三や川口の、若松をさげすむ言動に、「ぶっ

とばしてギタギタにしてやる！」と、いきりたつ鉄二の姿が描かれています。

学校では、生活指導目標によく「みんな仲よく助け合いましょう」なんていうのが掲げられますが、後藤竜二さんの作品にはきれいごとはありません。乱暴だったり、どろどろしていたり、感情むきだしだったりします。しかしその中に、ほとばしる正義感があり、人情もろく、自分らしく誇り高く生きている主人公たちが存在するからこそ、子どもたちの心をとらえるのです。

どの登場人物も、高学年の子どもたちにとっては、自分であり、まわりの友だちの姿でした。そんな登場人物が、さまざまな事件を起こし、苦悩し、考え、人と関わりながら解決し成長していく姿が描かれている作品です。

現実の中では見えない人間模様の裏表を、物語はさまざまな角度から見せてくれます。子どもたちは、それぞれの思いを重ねてこの作品にのめり込んでいきました。ただひたすら楽しい作品に心を憩わせる反面、こうした読みごたえのある読物を求めるのも高学年です。

まだ今ほど「読みがたり」が市民権を得ていないころでしたから、私にも少し遠慮があったのですが、これを境に多少時間をオーバーしても、毎朝の読みがたりを定着させ、読みごたえのある長編を学期に一、二冊は読み切るようにしました。子どもたちもまた各自、個性的な読書へと進んでいきました。

英勝のひと言は、私に勇気を与え、学級内で読書熱に火をつけてくれました。忙しいから、あるいは、子どもたちが乗ってこないからと、教師はつい及び腰になってしまうことがよくあるのですが、子どもたちは求めているのだと確信しています。

「今を生きる力」につながる作品を、子どもたちは求めているのです。

◆クラスの財産となった『のんびり転校生事件』◆

『のんびり転校生事件』を読み終ってしばらくしてからのことでした。ある日、裕一が長い長い日記を書いてきました。裕一は、真太郎の大の遊び仲間でした。時には真太郎に対して不満を持ちつつも、たいていは楽しく付き合って遊んでいました。

校庭でサッカー遊びをしていた二〇分休みのこと。真太郎の蹴ったボールが脇にそれて、鉄棒で遊んでいた久美子のところに転がっていきました。「おまえとってこい！」と、真太郎に言われて、裕一が全速力でとりに行ったとき、ボールを渡してくれた久美子から、「裕一くん、真ちゃんのことほんとうに好きなの?」と、言われたのだそうです。

「うん……」

「でも、家来になってるみたい」

実は、裕一もそれは思っていて、この言葉はかなりショックだったそうです。それがきっかけで、考え込んでしまったのです。しばらくして、次のような日記を書いてきました。

《この前の日曜日に、ムギちゃんとタケシくんとぼくでいろいろなことを話し合ったのです。このころ真ちゃんがとっても悪くなってきて、このままいったら……とか、ぼくたちもこのままついていっていっていたらダメになるとか……、いろいろ真ちゃんのことについ話し合ったのです。このままでいいのだろうかと考えると、とてもいやな気持ちがしてきたのです。

それで結論は、ぼくたちが真ちゃんからはなれ、そして言うことを聞かなければいいと思いました。そのわけは、王様が家来に命令しても、その家来が命令を聞かなければ、王様などなりたたないというのと同じだからです。だから、自立するぞ！　という気持ちで決心したのです。

それで次の日から実行したのですが、タケシくんがやはり真ちゃんに逆らえなくて、おまけに、ぼくたちの考えまでしゃべってしまって、ぼくたちはひどい目にあいました。とうとういじめが起きたのです。それで、やっぱり耐えられなくなり、真ちゃんについてしまいました。

しかし、まだ考えは変わっていません。それでまた考えたのですが、真ちゃんより上にいるのは先生で、それ以外の人は上に立てないのです。いじめをおそれているからです。このクラスだけは……と思っていましたが、やはり起きてしまいました。そこで、このクラスのみんなを平等にしなければならないのです。王様がいなければいいのです。

そこで考えたのですが、こういうのはどうでしょう、真ちゃん以外の子だけ残ってもらい、話し合うという考えです。そうすればいじめをこわがらずに平等に話し合えます。これは急いだほうがいいと思います。（中略）あくまでも、真ちゃんには気づかれぬようにやらなければ、目を光らせ、またもとにもどってしまいます。

先生、よろしくお願いします。》

裕一の日記を長々と引用したのは、裕一の行為が『のんびり転校生事件』に大きく影響されているな、と感じたからです。つまり彼は、自分の置かれている立場にしっかり目を向けたのです。これは作品を通して、子ども世界をしっかりと細かく見てきたからです。

そして裕一は、まず自分たちで話し合い、考えるという行動をとっています。この、「話し合う」「考えぬく」「書く」という行動スタイルは、後藤文学の全編を貫いているのではないでしょうか。

それにしても、よくぞここまで考えてくれたと、私は胸がいっぱいになりました。やはり『のんびり転校生事件』を、みんなで読んだ影響は大きいのだと思いました。みんなが学級内の出来事に目を向けて、それを自分の問題に引き寄せて考えてみる力は、作品の力を大きく借りていると思うのです。久美子の行動もまた同様に——。

さっそく裕一の提案を受けて、放課後に話し合いの場を設定しました。自分たちで問題解決に乗り出せたことへの喜びは大きく、話し合いは活発で、しかも建設的でした。そのあと、真太郎も含めて校庭でサッカーをして遊ぶのですが、それがとても楽しかったと、みんなが日記に書いてきました。

《点を入れられても、真くんは下を向いてちょっとブツブツ言っていただけで……、楽しくみんなで遊べました。》（久美子）

以前は地面をけって悔しがり、ミスをした仲間をにらみつけ、毒舌を吐く真太郎でしたが、その変化を久美子はきちんと捉えていました。

私は物語だけでなく、折に触れて、詩もよく教室で読み合いました。

真太郎はある日、「気に入った」といって「サッカーによせて」（詩集『どきん！』谷川俊太郎　詩　和田誠　絵／理論社）という詩を日記帳にメモしてきました。

「けっとばされてきたものは／けりかえせばいいのだ／ける一瞬に／きみが自分にたしかめるもの／ける一瞬に／きみが誰かにゆだねるもの／それはすでに言葉ではない……」

このすばらしい詩をさっそく「今月の詩」にも取り上げ、真太郎の思いにも触れながら、みんなで何度も音読しました。

この作品を通しても、また一つ真太郎と心が結ばれた気がしました。

◆優れた作品は子どものはずむ心を生む◆

『のんびり転校生事件』はその後も大変な影響力をもちました。五年生でこの作品に惚れ込んでしまった彼らは、六年生になって後藤竜二作品を次々に読み、さらにはほかの長編物語をどんどん読みはじめ、感動に浸っていきました。感動は、教室の中でこだましていきました。感動できる作品に出会うと、子どもの心は弾みます。

『算数病院事件』（後藤竜二　著　田畑精一　絵／新日本出版）を読んだ英勝は、日記にこう書いてきました。

《今日は、『算数病院事件』をやっと全部読み終わりました。だから、うれしくなって勉強をやったら、手がすらすら動くようにして、かんたんに勉強が終わりました。今日は、『算数病院事件』を終わらせたからよかったです。》

感動や喜びが、普段、重荷に感じている勉強にまで軽やかに向かわせてしまったというのです。うれしい日記でした。

普段は無口で無表情な常義は、もっと大きな影響を受けます。めったに日記など書かない彼でしたが、ある日突然、はじけたように日記に思いを綴ってきました。

《僕はやっとわかりました。ファミコンよりも大切なものを見つけました。それは本です。やっとぼくは、本がどんなに大切かということがわかりました。だから机に、本棚にあった本を並べてみました。『家なき子』とか、読んでない本があったので、これから読んでいこうと思う。》とありました。そして実際に『家なき子』を読破し、さらに意欲をわかせます。

《ぼくは大人になったら作者になって本を書こうと思う。どういう本を書くかと言うと、後藤竜二先生みたいな楽しい本、おもしろい本を作り上げようと思う。そして、ぼくの心をだれも知らないと言わせないようにと思う。（中略）これからも、もっともっと本を読み続けて、後藤竜二先生みたいな立派な作者になろうと思う。》

《椋鳩十先生みたいな作者になろう。》

《はじめにぼくが書いた本を、石崎先生やお母さんなどにあげようと思う。はじめに書こうと思う本は、ぼくの一生のことだ。石崎先生に出会ったことなどを書こうと思う。》

などと、思いは何日にもわたって日記に綴られました（以上、部分抜粋）。

この子がその後、実際に作家になったかどうかなんて、そんなことは問題じゃないでしょう。そのときこんなにはずんだ気持ちを持ったという事実を、私は大事にしたいと思うのです。

このはずむ心はずっと続いていて、実際に本のテーマを考え、主人公のキャラクターまで考えはじめます。

このことを知ったクラスメイトは、何人も彼のもとに集まり、ついに創作クラブを作ってしまいます。この中心になったのは聖学でした。この取り組みも大変おもしろく、くわしく書きたいところですが、なによりも、常義がすばらしい作品「ファミコンの町」を書き上げたのには、本当に感激しました。

外からは決して見えなかった常義の輝きが、優れた文学の力に触れて発揮されたということ、そのことで、今までずっと無口で無表情だった彼に笑みが浮かび、友人とのコミュニケーションも深まってきたことが、うれしいことでした。

◆ひとり読みと読みがたりを織りまぜて◆

五、六年生は物語性のあるものにのめり込んでいき、長編物語をどんどん読むようになります。そうなると優れた作品を紹介してあげることが求められ、必然的に教師自身が本を読まなければなりません。効率よく優れた本にめぐりあうには、仲間と実践を交流しあうことです。自分で読んで、感じて、そして子どもたちに手渡していくようにしたいものです。

学期に一、二冊は長編を読み、ほかに絵本もたくさん読みました。失いかけた感性を取り戻し、ほっと憩えて、心の止まり木になってくれるような絵本を――。

枝利子の次のような日記を見ると、毎日読む本を楽しみにしてくれている様子が手に取るようにわかり、読み続けていて良かったなと思います。

《……明日読む本何だろうとか、家庭科、きらいだけどがんばるぞとか、体育なにするのかな、楽しみだななどと考えていたり、（中略）あ〜あ、早く明日にならないかなあと思った。》

五年生の大輔は『二分間の冒険』（岡田淳　著　太田大八　絵／偕成社）を読んでいたときの日記に、

《僕はいつも、アイマスクをしてねころんで聞いていた。ただねころんでいたんじゃなくて、主人公の悟の気持ちになって話を聞いていたんだ。》と――。

耳で聞きながら、自分で場面や状況をイメージし、登場人物の気持ちに入り込んでいく――こういう楽しみ方が高学年になるとできてきます。

高学年になっても思いを声に乗せて、作品世界を子どもたちと享受し、感動を共有する読みがたりを続けることで、私は子どもたちと心を通わせ、楽しい教師生活を送ることが出来たのだと思っています。

［元・東京都荒川区立第六日暮里小学校教諭］

読みがたり――うれしくて、うれしくって

鈴木　敬子

◆アンバランスな精神構造をした子ども◆

私がKに出会ったのは、彼が四年生のときでした。運動神経がよくて、走ることにかけては彼の右に出るものはいませんでした。よく人を笑わせるクラスの人気者、それが、はじめて会ったときの印象でした。

ところがそれが「ピエロの微笑み」であるらしいことに、しばらくして気づきました。大勢の前で自分の力を発揮できない、なにか大きな行事があると腹痛に襲われる、人なつっこく見える一方で、どこか人を近づけない雰囲気を持つ……、なんともアンバランスな精神構造をしていたのです。

ある日、そのKの家族と出会いました。近くのスーパーへ買い物に来たらしいのです。母は店内。Kと姉が車の中にいました。なんともばつの悪そうなK。姉は、ダウン症特有

の表情をしていました。家庭訪問でも伝えられていなかった事実。私は内心、驚きはしたものの、平静を装い、姉に話しかけました。

「今日は、お買い物?」

にこっと笑うものの返事はない。もちろんKからも……。

「じゃあ、またね」という私の一人芝居でその日は別れました。

Kの生きてきた環境。障害者の姉を抱えた父や母のつらい思いをいつも肌で感じながら、家の中で明るくふるまう毎日。友だちや先生にはおおっぴらにはできないと思い込んでいたのでしょうか。

その日以来、Kは私に対して硬い表情を崩さなくなりました。

◆心を通わせる一冊の本◆

そんな時、私は『僕のお姉さん』（丘修三　作　かみやしん　絵／偕成社）を知りました。

ダウン症の姉が作業所ではじめて手にしたお給料。だれに教えられたわけでもないだろうにレストランに行こうとせがみ、家族の食事代を払おうとした姉。

「あっ、これだ」、いつも気にかけていることがあると、不思議とヒントになりそうな本に出会うのです。

それでもやっぱり、子どもたちの前にすわり、本を開くまで悩みに悩みました。Ｋ一人に読むのではない。三十余名の子どもたちも聞いているのです。Ｋの姉について知らない子もいます。この読みがたりがきっかけでＫの姉のことが話題にならないとも限らないのです。静かな湖面を波立たせることになりはしないのでしょうか。

ひとつ深呼吸をして語りはじめました。目は文字を追いながらも、Ｋの表情を探ります。元来、本ずきな学級です。絵本とちがって本は私のひざに置かれたままです。子どもたちは一心に聞き入っています。Ｋはというと、ダウン症という言葉が出てからは、ずっとうつむいたまま、上履きのゴムベルトをいじっています。

しまったあ。失敗だったか。淡々と読みがたろうと思っていたのに、言葉にどこかぎこちない抑揚がついてしまいます。丘さんの文章を信じて、作者の思いをそのままに伝えようと練習してきたのに……。

最終の場面、気持ちよく支払いをする姉。作業場でいただくお給料は知れたもの、ドキドキする僕。父の機転のきいた行動で子どもたちは安堵《あんど》のため息をつきます。

その時はじめて、Ｋがこちらを見つめていたことに気づきました。いつからそうしていたのでしょうか。笑うでもなく怒るのでもなく、ただ真剣にこちらを見つめていたのです。

「かわいそうだね」とＡがつぶやきます。

「そうかなあ。先生はそう思わないよ。このお姉さんってとてもすてき。障害はあるけれど一生懸命生きていて、家族のことを考えていて、悲しい時は泣き、嬉しい時は笑う。同じだあ私も、って思っちゃうよ」

翌朝、教室の隅に『僕のお姉さん』を手にしたKがいました。

「先生、おはよう」と、にこっと笑う。久しぶりの笑顔です。とびっきりの笑顔。肩に乗っていた重石が取れたのでしょう。

「うちのお姉ちゃんね……」と、耳元で話すないしょ話。くすぐったいのは耳だけではありません。

Kと私を結んでくれた一冊『僕のお姉さん』。本が好きで読みがたりを続けてきたけれど、一冊にこれほどの価値を感じたことはありませんでした。忘れられない一冊です。

◆◆高学年になっても絵本だいすき◆◆

「ええっ、なにそれ?」、この声が上がると、私はしめた！　と思うのです。学年のはじめは読みがたり。まして転勤したばかりの学校だから、私が本読みだいすきおばさんだとは、だれも知りません。

五年生を前に取り出したのが『もこもこもこ』（谷川俊太郎　作　元永定正　絵／文研出版）。子どもたちは絵本を見て、「ばかにするな」という表情です。まあまあとなだめて語りはじめました。「ええっ?」「はあっ?」「うむっ?」と、疑問符付のつぶやきが続く。本を閉じる。目が合う。そして沈黙。

「なに?　これ」

こらえ切れずに吹き出す子どもたち。意味不明――。だが初対面の垣根を一瞬にしてはずしてくれた妙薬、それが絵本です。大きくなっても、好きなんですねえ。

私は、高学年を担任してもよく絵本を読みます。絵本は小さい子のものなんて思いません。実際四〇歳をとうに過ぎたおばさんだって楽しめるんですから……。

正直なところはじめのころは、「短い時間で読めるもの」という条件で手にしていましたが、子どもたちの反応がいいのです。表情がいいのです。私も気持ちがいいのです。だから子どもたちが大きくなっても、絵本を読みがたるようになったのです。

『たこのぼうやがついてきた』（ヤッカリーノ　作　きやまかすみ　訳／小峰書店）『もっちゃうもっちゃう　もうもっちゃう』（土屋富士夫　作・絵／徳間書店）のように、読みの途中からクスクス、クフフと笑える本があります。

『ひさの星』（斎藤隆介　作　岩崎ちひろ　絵／岩崎書店）『ずーっとずっとだいすきだよ』（ウィルヘルム　作　久山太市　訳／評論社）のように、こころがやさしくなれる本があります。

先日は、『わたしのいもうと』（松谷みよ子　文　味戸ケイコ　絵／偕成社）を読みました。「私をいじめた人たちは、私のことなどすっかり忘れてしまっているでしょうね」のくだりでは、声もありません。いつもは「おちゃらけ組」のSもRも。なにも聞くまい、話すまい。ただ黙って閉じる本もあります。

『おとなになれなかった弟たちに』（米倉斉加年　作／偕成社）『まちんと』（松谷みよ子文　司修　絵／偕成社）などは、どんなに説明しようとしても伝わらない思いを語ってくれます。

子どもは小学校高学年になると、読書経験や読書量に大きな差がでてきます。学校やそのほかの団体で作るブックリストやパンフレットを見ると、「大きくなったら長編を」という暗黙のルールがあるようです。

しかし読書について差のある高学年だからこそ、みんなでともに笑い、考え、共感し合える絵本を読みがたっていきたいと私は思っています。

◆◆娘が高学年になって——長編だけど短編に思える本◆◆

一度読みはじめると止まらない本があります。

穏やかに晴れた休日。朝ごはんの片づけをして洗濯を干すと、ご褒美にとばかりにごろ寝をして本をかざします。腕が疲れてくると腹ばいになったり横向きになったり……。

「お母さん、お昼どうするの?」と娘の催促。あっという間に時間が過ぎてしまうのです。おもしろいと長編が短編に思えてしまうから不思議です。

学校であまり長編を読むことはありません。というより何度も挑戦しているのですが、成功したためしがない。完結しないという方が、正しいかもしれません。そこで長編の場合は、さわりだけを読んだり、あらすじを話したりして紹介する場合が、いつの間にか多くなってしまいました。

下の娘が六年生になったころ盛んに読んでいたのが、青木和雄さんの『ハッピーバース

デー　命かがやく瞬間』(加藤美紀　画)『ハートボイス　いつか翔べる日』(水野ぷりん画)『ハードル　真実と勇気の間で』(木村直代　画)〈いずれも金の星社〉などでした。教育カウンセラー・人権擁護委員・保護司をしている青木さんの作品の中には、人と人との関わり、特に親と子のあり方が問題にされているものが多くあります。急に大人びた作品を読むようになったものだと、感心していたものですが……。

「この本、よかったなあ」と娘が口にする作品は、親子の心のキャッチボールがうまく成立せずに苦しむ子どもたちが登場するものです。もしかしたら、私もそうなの！　というメッセージ？　ドキッとした私は一晩一冊のペースで読破、やっぱり……。立派な親ではないけれど、子どもの気持ちだけには敏感でいたい。そう、私は教師なのだもの、わからないはずはないと、どこか高慢な気持ちを持っていたことを私に気づかせてくれたのが、青木和雄さんと娘でした。

これらの本をクラスでブックトーク風に紹介すると、「先生、私も読みました。一気に読みました」とM。勉強ができて面倒見がよく、六年生になるまでに何度も学級長を引き受けてきた彼女。娘と重ねては申し訳ないが、もしかしたらよい子でいなければという足かせを感じながら、生きてきたときもあったのではなかろうか。娘が作品に共感し慰められてきたように、彼女もまたと、親としては、ちょっと切なくなる作品群でした。

『12歳たちの伝説』シリーズ（後藤竜二　作　鈴木びんこ　絵／新日本出版社）は、親分風を吹かせているEとFに向けて発信しました。パニック学級と呼ばれていた元五年一組。みどり先生を担任として迎えまとまっていく中で、ユーカたち「おっかけ隊」は、なかなかその波に乗れません。本当はみんなと楽しくすごしたいのに素直になれない、そういうところがEたちも同じなのです。

「先生さあ……」、一人のときは話しかける声も穏やかでやさしい。が、二人そろうとなぜか、目尻がつり上がり、歩き方だって風を切ってさっそうと、となってしまうのですから不思議議です。Eはどうしようもない。あいつがボスだからという人もいますが、私には「かまってほしいんだよ」のハートボイスに聞こえます。ユーカがEならカオルはF。

シリーズ四冊をそろえての紹介。「ハリーポッターもいいけれど、マウルの世界にも目を向けて」と話しました。この作品が二人の手に、心に届きますようにと。

そのほか、富安陽子さんの『ぼっこ』（偕成社）、福永令三さんの『クレヨン王国』シリーズ（講談社）、灰谷健次郎さんの『はるかニライ・カナイ』（坪谷令子　絵／理論社）、斎藤敦夫さんの『グリックの冒険』（岩波書店）、『学校ウサギをつかまえろ』（偕成社）の岡田淳さんの作品群も子どもたちに人気の本です。

人と人、自然と人や動物を通して、あたたかさや勇気を与えてくれる長編はたくさんあります。子どもたちが最初の一〇ページを読んでくれたら、きっと短編に思えるにちがいないのにと、期待しながら紹介を続けています。

◆ノンフィクションを子どもたちに◆

「漁師さんって、知ってる？」

「魚をとる人だよ。先生、知らないの」

「あっ先生、またなにかたくらんでいるでしょ」

「そんなことないよ。ただされ、こんな本があったから」と見せたのが、『漁師さんの森づくり』（カナヨ・スギヤマ　絵／講談社）。また、なんだか変な本を持って来たなと警戒の声。


筆者である畠山重篤さんは宮城県の気仙沼でカキやホタテの養殖を営む漁師さんです。畠山さんが子どものころ、三陸リアス海岸の海は豊かでした。森も豊かでした。しかし、あるとき血ガキといって売り物にならないカキが相次ぎ、信用と収入の道を断たれた畠山さんは、原因が森の荒廃であろうことにいきあたりました。そして森の民、室根村の人々の協力を得て、広葉樹の植林活動に取り組みます。森が裸になると海が死にます。「人の気持ちがやさしくなれば自然はちゃんと蘇ってくるのですね」。そんな畠山さんの言葉が心に残る作品でした。ところどころあらすじを加えながら、飛ばし読みをしました。

「先生、それ貸して」と、一番に名乗り出たのがT。理科がだいすきで、日記はいつも自然科学調。ヤッター、かつおの一本釣りじゃあないけれど、確かな手ごたえ。一冊に一人でもいい。その子に合った本に出会わせてあげられたのなら、とうれしくなりました。

「杉原千畝《ちうね》を知っていますか」

ナチスドイツ・ヒットラー・アウシュビッツ・アンネ＝フランク。そんな言葉は知っていても、この名前を知っている子は少ない。リトアニアでナチスの迫害をおそれ、日本を経由してアメリカへ渡ろうとした六千人以上のユダヤの人々に、領事館閉鎖ぎりぎりまでビザを発行し続けた領事代理。

「外務省にはそむいたけれど、私はただ人として当然のことをしただけ」と、淡々と語る千畝。チウネ＝スギハラの名は、日本よりも外国の方が知名度は高い。人種を越え、人として己の信念を貫き通した日本の誇れる外交官として、子どもたちの記憶にとどめてほしいと思い紹介しました。

国際協力やボランティア活動を伝える作品も子どもたちの心に残ります。「あなたの夢はなんですか」と語りかけてから、『ぼくの夢は学校へ行くこと』（今西乃子　著／佼成出版社）を読みました。戦いや貧しさのために学びたくとも学べない子が世界にはたくさんいます。その現実を伝えたくて『ぼくらの心は国境を越えた』（和田登　著／岩崎書店）『アンコールワットの神様へ』（石原尚子　著／岩崎書店）も紹介しました。

バングラディッシュのこと、ボスニア・ヘルツェゴビナのこと、カンボジアのこと、私が知っている限りのことを淡々と話しました。価値観の押しつけはすまい、同じ時代を生きる子どもとしてなにかを感じ取ってほしい……。そう願って語りかけました。三冊とも長編です。部分読みしかできませんでした。しかし、机上に置いた本は翌朝、消えていました。手に取ってくれた子がいる、それだけで満足した私がいました。

お話の世界に心を遊ばせること、科学の世界に心を躍らせることは、子どもの成長にとって、とても大切なことだと思います。一方、本が人類の知恵袋、祖先からの贈り物とすれば、実際に起こった出来事や、生身の人間の生きざまを綴ったノンフィクションもまた、子どもたちに手渡していかなければならない大切な分野ではないかと考えています。

「先生でよかったよ。本を読んでくれたから」と、Yが言いました。

ちょっと皮肉っぽく、ちょっと斜《しゃ》に構えて、うまく寄り添えないなあと思いながら一年をともに過ごしてきた子だったので、胸がキュンとなりました。

本はいいですねえ。不思議と心が伝わります。読み手も聞き手も、いい顔になります。それがうれしくてうれしくて、今日も私は、読みがたりをします。

あしたは　どの本に　しようかなあ――。

［千葉県館山市立館山小学校教諭］

子どもたちとの出会いから考える読みがたり

堀川　恵子

◆◆高学年なりに味わえる絵本の魅力◆◆

三月のある日のこと。私が仕事を終えて帰ってくると、玄関に手紙が置いてありました。

なんだろうと思い読んでみると、

「けいこおかあさんのエプロンのポケットをみてください」と、書いてありました。

さっそくエプロンをさがし、ポケットの中を見てみると、また手紙が入っていました。

「つぎは、げんかんのかさたてのなか」

「こんどは、だいどころのテーブルのうえ」

「きんぎょのすいそうをみてください」

「ねんどでつくったきょうりゅうがくわえています」

「びゅんびゅんごまも、がんばってれんしゅうしてください」

「おとうさんのたいこのうえをみてください」

「めんどうがらずにがんばって。こんどはれいぞうこのなかですよ」

「でんわのテーブル三だんめ」

「とうとうプレゼントにたどりつきました。ごくろうさま」

次々と手紙をさがし、見つけた手紙の最初の言葉を並べてみると、「けっこんきねんびおめでとう」のでき上がり。


三人のわが家の子どもたちは、『きょうはなんのひ?』（瀬田貞二　作　林明子　絵／福音館書店）のまねをして、私たちの結婚記念日を祝ってくれたのです。ちょうど上の子が小学校に入ったころだったと思います。

私は子どものころから、お誕生日や記念日をとても大事にしてきました。大きなお祝いをするわけではないのだけれど、できるだけ手作りで、しかもこっそり準備をして驚かせたいという気持ちがあります。それで、家庭の中だけではなく、もちろん学校でもいつも、お誕生日を大切にする取り組みを考えます。『きょうはなんのひ?』をわが家で読んで、子どもたちがこのような反応をしてくれたことをきっかけに、どの学年を担任することになっても、四月のはじめにはこの絵本の読みがたりをするようになりました。

五年生の子どもたちに読みがたった数日後のことです。
「私のお母さんね、きのうお誕生日だったから、前に読んでもらった本と同じようなことをしてあげたら、涙を流して喜んでくれたよ」と、うれしそうに話をしてくれた子がいました。
こんなに喜んでもらえるとは思っていなかったようで、とてもびっくりした様子でした。結婚記念日をお誕生日に置き換え、カードも工夫して考えたようでした。絵本から、高学年は高学年なりのとらえ方をし、人を喜ばせる行動へと結びつけていけること、とてもほほえましく思いました。人になにかをしてあげることの喜びを感じられる子が一人でも……そんな思いで、私はこの本は読み続けています。

高学年でも学級開きはいつも絵本から読みはじめています。

◆◆読みがたりの原点にもどって◆◆

私が読みがたりを教室ではじめたのは一二年ほど前。わが子の読みがたりができる時期でもあり、おもしろい本を見つけると家や学校で、楽しく本を読んでいました。続けていく中で、学級経営をしていく一つの柱として位置付けていきました。

私には読みがたりについて考えた三つの節目があります。

その一つが新しい学校に赴任し、突然六年生を担任することになった時のことです。大規模校で、学年全体が落ち着かず、人の話が静かに聞けない子どもたち。そんな子どもたちに「自分には本しかない。これだけは続けなければ」という思いで本を読み続けました。しかし、聞いてくれません。本を読むことさえ苦しい時間となりました。今までに出会ったことのない子どもたちとの出会いに戸惑い、体をこわし、一か月間休みました。

休んでいる間に学級の一人の女の子が、母親とともに手作りのお花を持ってお見舞いに来てくれました。

おかあさんが、「うちの子は今まで先生からほめてもらうことがあまりありませんでした。でも先生はこの子の良いところをすぐに見つけて話してくださいました。この子は先生が読んでくださる本をとても楽しみにしています。どうか早く元気になって戻ってきてください。そして、本の続きを読んでやってくださいと、話してくださいました。

私は、本を読むことで学級を立て直そう、なんとかしなくてはという思いがありました。でも、それがまちがっていたことに気が付きました。あんなに騒がしい中でも読みがたりを快く思っていてくれる子がいたのです。学級全員の子どもたちでなくてもいいのです。一人でもわかってくれる子がいれば……。

読みがたりに代償を求めてはいけないこと、一人ひとりのとらえ方を大事に受け止めて、自分自身も楽しめる時間にすることの大切さを考えるきっかけになりました。

◆◆作品の力に支えられて◆◆

私は、高学年で長編に入る前にはいつも『ワンピース戦争』（丘修三　作　杉浦範茂　絵／童心社）を読んでいます。この作品は、男の子が学校にワンピースを着てくることから、男の子はワンピースを着てはいけないのかという論争がはじまります。作品の中に出てくる先生の話の中で「コロンブスのたまごと同じ」だとか「外国では男の人もスカートをはいている」というところでは子どもたちは真剣に本を見つめて話を聞きはじめます。

長編の作品の中でも、高学年を担任したら必ず読もうと決めている本があります。それは、『黒い小屋のひみつ』（丘修三　作・絵／岩崎書店）と『神々の住む深い森の中で』（丘修三　作　岡本順　絵／フレーベル館）です。読みがたりについて考えた一つ目の節目の時、自分が読んで感動し、六年生の子どもたちと共有する時間を楽しんでいくきっかけになった本だったからです。『黒い小屋のひみつ』では、あんなに騒がしかった子どもたちが静かに話を聞き、続きを楽しみにするようになりました。そして、手鏡を持ってきて何人かで光を反射し合って本の場面を再現しようとする姿も見られました。

『神々の住む深い森の中』は、なにもない所で自分一人になったらなにができるのだろうと考えさせられます。野外活動などの行事に入る前に読みました。いずれの作品にもメッセージ性があり、私は、この作品の力に支えられて大きな節目を乗り越えることができたように思います。

私は、この六年生を卒業させてから何人かの先生から、「高学年の子どもたちにどんな本を読んだらよいか」という相談をうけました。この二冊は必ずすすめています。でも、いくら良い作品と出会っても、自分自身が感動しなくてはだめでしょう。自分が感動したことを分かち合いたいという気持ちが強ければ強いほど、子どもたちと共有する時間を楽しむことができると思います。

◆子どもたちからもらった不思議な力◆

二つ目の大きな節目。それは、六年生一年きりの担任が多かった中で、はじめて五、六年と持ち上がりを経験した時のことです。学級の子どもたちは声を音としかとらえられず、授業中でも教室を飛び出してしまう子がいる状況でした。

そんな子どもたちが六年生になった二学期のこと。『二分間の冒険』（岡田淳　作・絵／偕成社）を読み終え、次はなにを読もうかと考えていた時、突然子どもたちの中から、

「先生、次はハリー・ポッターを読んでほしい」という声があがりました。

今では映画でも上映され、大変なブームになっていますが、そのころは、まだ二作目から三作目が出されたころで、本を読んだ子もほとんどいない状況でした。私自身も夏休みに二作目までを夢中になって読んだばかりでした。自分では読んで楽しめましたが、子どもたちに対しては、

「こんな長い本、今のみんなの状況ではとても聞けないと思うよ。絶対無理！」と話しました。

それでも子どもたちは、「絶対にちゃんと聞くから読んでほしい！」と、力強い言葉が返ってきました。

子どもたちからこんなに強い本のリクエストをされたのははじめてだったので、卒業の日までに読み切れるかどうかと半信半疑な思いで、『ハリー・ポッターと賢者の石』（ローリング　作　松岡佑子　訳／静山社）を読みはじめる決心をしました。

読みはじめるとやはり聞けない状況も出てきます。そのたびに「もうやめようか」と私が言うと、

「○○のせいだぞ！　ちゃんと聞いてよ」という言葉が返ってきます。

こんな繰り返しをしていると、なんとなくはじめは、自分が子どもたちに読んでやっているような優越感にひたりながら読んでいました。でも、ページが進むごとに子どもたちは集中して聞けるようになり、いつの間にか自分自身も子どもたちと一緒になって楽しんでいました。後半を読みはじめたころから映画が上映され、言葉からイメージしにくい子どもたちには役立ちました。

いつの間にか教室中がハリー・ポッターブームになり、教室を飛び出していた子どもまでもが、この本を読んでいる姿を見た時には本当に驚きました。最後のページを読み終えたとき、「ヤッター！」という歓声があがりました。私はこの瞬間、子どもたちに対して「読ませてくれてありがとう」という気持ちでいっぱいになりました。聞き手の熱意とこの作品から私は不思議な力をもらいました。高学年でこそ味わえる、読みがたりのすばら

しさを感じることができました。

◆◆今こそアフガニスタンを考えよう！◆◆

コール①　私たちの国「日本」は、アジアの地域にあります。
コール②　そのほぼ真ん中にある国を知っていますか。
コール③　この国は、めったに雨は降りません。そのため、かわいた土や岩ばかりの国のように思われています。
コール④　でも、万年雪をかぶった山々や、森や、見わたすかぎりの大草原もあり、美しい自然がいっぱいの国なのです。
コール⑤　春――。この国にあるパグマンという村は、すもも、さくら、なし、ピスタチオの花でいっぱいになります。
コール⑥　村の人たちは、家族みんなで、ふとったあんずや、すもも、さくらんぼをもぎとり、町へ売りに出かけます。
ヤモ　「ぼくの名前は、ヤモ。きょう、はじめて父さんと町へくだものを売りに出かけるんだ」
コール⑦　ヤモの国では、戦争が続いています。ヤモの兄さんも兵隊になって、戦いに行っています。

ヤモ　「うわぁ、町についたぞ。にぎやかだなあ」

父さん　「父さんは、この広場ですももを売るから、ヤモは町の中をまわって、さくらんぼを売ってごらん」

ヤモ　「うん」

ヤモ　「えー、さくらんぼ」「パグマンのさくらんぼー」

ヤモ　「えー、さくらんぼ」「パグマンのさくらんぼー」

コール⑧　いくら大きな声を出しても、さくらんぼはちっとも売れません。

コール⑨　ヤモはがっかりして、道ばたにすわりこみました。すると——

町のおじさん　「ぼうや、さくらんぼおくれ。むかし、パグマンの近くでくだものをつくってたんだ。なつかしいなあ」

ヤモ　「おじさんは、戦争にいってたの」

町のおじさん　「ああ、そうだよ。おかげで、足をなくしてしまってね。うーむ。あまくて、ちょっとすっぱくて、やっぱりおいしいなあ。パグマンのさくらんぼは世界一だ」

コール⑩　この日もうけたお金を全部使って、父さんは、こひつじを一頭買って、村へ帰っていきました。

コール⑪　ヤモは父さんにたのんで、白いこひつじに自分で「バハール」と名付けました。「春」という意味の名前です。

ヤモ　「にいさーん、早く帰っておいでよ。うちの家族がふえたんだよ」

コール⑫　この年の冬、村は戦争で破壊されました。村には、今、だれもいません。

コール⑬　この国こそ、アジアのどまんなかにある「アフガニスタン」です。

コール⑭　この国の人々は、長い間、家畜を追い、畑をたがやして暮らしてきました。

コール⑮　ところが、平和だったこの国で、戦争がはじまり、二〇年以上たった今も、続いています。

コール⑯　アフガニスタン中の村から、たくさんの若者が戦場へ出かけていきました。

コール⑰　戦いは国中に広がり、あれはてた土地を捨てて外国へ避難する人たちは、五〇〇万人をこえました。

コール⑱　あのヤモの家族は今、どこで、どうしているのでしょう。きっと、もう一度世界一美しい自分の村へ戻りたいと願っているように思えてなりません。

コール⑲　「もう戦争はいらない。平和な国がほしい」そんな願いを持つ人々の国がアフガニスタンなのです。

コール⑳　この国に、わたしたちは、なにができるのでしょうか。

コール㉑　このことが、わたしたち一人ひとりに今も、そして、これからも問いかけられているのではないでしょうか。

これは、ハリー・ポッターを一緒に楽しんだ六年の子どもたちと、総合の学習のまとめで『せかいいちうつくしいぼくの村』（小林　豊　作・絵／ポプラ社）をもとにして作った発表台本です。

二〇〇一年九月一一日、アメリカで同時多発テロが起きました。そしてアメリカはアフガニスタンを攻撃しました。今こそアフガニスタンのことを伝えていかなくてはという思いで発表しました。

アフガニスタンの様子を絵で表現したり、劇化したり、バックミュージックを入れて雰囲気を出したりと、子どもたちは次々と考えを出しながら仕上げていきました。三学級でそれぞれいろいろな国について発表した中の一部ですが、一つひとつの言葉に重みがあり、じーんとくるものがこみ上げてきました。この作品が教科書に載ることを知り、子どもたちと共有できた、思い出に残る作品の一つとなりました。

◆心に届く言葉を求めて◆

今、私は、読みがたりについて考える三つ目の大きな節目を迎えています。

一、二年で担任した子どもたちを、また六年生で担任することになったのです。クラス替えはしているものの、その子どもたちは私の教師生活の中で、一番忘れられない楽しい思い出を持つ学年でした。

しかし、三年ぶりに出会う子どもたちの表情は、まるで自分を出さないようにしているかのように堅く、暗いものでした。また、人を傷つける言動が多く、変わりはてた子どもたちの姿に悲しい気持ちでいっぱいでした。しかも、四、五年の時には本の読みがたりをしてもらっていたというのです。読みがたりをしていても、心がすさんでしまう……なんとも信じられません。でも、読みがたりについて振り返ったとき、その行為だけでは子どもに伝わりません。つくづくと読みがたりは「愛」という言葉が、よみがえってきます。

いろいろな子どもたちと出会う中で、自分自身の感性がためされているような気がしています。つらく、苦しい状況にあるときこそ、子どもたちも私自身も成長している時だと思えるようになりました。

今、『自分を好きになる本』（パルマー　著　eqPress　訳　広瀬弦　画／径書房）を読んでいます。

「忘れないでね。自分の〈きもち〉を話すということは、相手を責めることや、傷つけることとは違うんだよ」

一人の女の子が自分の気持ちを押さえきれずに暴力をふるってしまい、涙を流して自分の行動を振り返ったとき、もう一度この言葉を読んでやりました。

「カメレオン人間って知ってる？　カメレオン人間はみんなに合わせて、みんなに好かれようとして、人がしてほしいということばかりやっている。まわりの人たちの望んでいるとおりに、からだの色を次々に変えている。あなたはカメレオン人間？　もしそうならやめようよ」

困っている子に、「みんながしないから」といって手がさしのべられなかった子に語ってやりました。

自分の行動を自分の言葉で振り返らせ、共感してやることを通して、少しずつ子どもたちは心を開いて私の話を聞いてくれるようになってきています。

卒業するまでに今の子どもたちにぜひ出会わせたい本、それは、『しらんぷり』（梅田俊作、佳子　作・絵／ポプラ社）です。この作品を通して子どもたちを変えるのではなく、この作品の言葉が子どもたちの心に届くようになった時、読んで自分の行動を振り返らせてやりたいです。

あせらず、あわてず子どもたちと心が通い合える読みがたりをしていくこと、それが今、私が一番大切にしていることです。

［京都府舞鶴市立余内小学校教諭］

Ⅲ　聞き手から読み手にもなった子どもたち

六年生への一年間の読みがたりで見えてきたもの

平川　政男

1　教室での読みがたり

二〇〇三（平成一五）年度、私は千葉県・和田町立南三原小学校の六年生の教室（庄司里美学級）に、毎月第三木曜日の第一校時に、読みがたりに入らせてもらいました。

庄司先生と話し合って、次のようなおおまかなねらいを持ちました。

絵本（時には物語）の読みがたりを通して、絵本のおもしろさ、広さ、豊かさを感じとってもらう。絵本は、決して小さい子どもだけのものではない。

その中で、いろいろな絵本に出会うことで、人、自然、社会の理解が深まるだろう。絵とことばによる芸術の世界を体験することによって、ことばへの感受性が育つだろう。友だちと楽しい時間を共有することによって、好ましい友だち関係が育つだろう。そのために、何よりも楽しい時間にしたいと思いました。
六年生の教室での、私の一年間の読みがたり実践を紹介します。

・読み手の前に集まって、床にすわって聞く。
・三冊程度の絵本を読んで、簡単な感想メモを書いてもらう。

このような方針で、一年間に九回、三〇冊の本（主に絵本）を読みがたりました。読みがたりのあとに感想を書かせるというのは、原則的にはしない方がいいと思います。しかし低学年や中学年の子どもと違って、高学年の子どもは聞きながらあまり感情をあらわにしませんので、どう感じたかを負担にならない範囲で書いてもらいました。

＊第一回＝四月一七日（木）——五冊
『きいちゃん』（山元加津子　文　多田順　絵／アリス館）『ゆうたはともだち』『ゆうたとさんぽする』（きたやまようこ　作／あかね書房）『なんげえはなししっこしかへがな』（北彰介　文　太田大八　絵／銀河社）『へっこきよめさ』（小松崎進　文　梅田俊介　絵／メイト）
※きいちゃんやおねえさんの行為から、人として大切なものは何かを感じてもらいたいと思いました。そして、おもしろい作品で楽しみ、絵本にはいろいろと楽しい作品のあ

ることを知ってもらいたいと思いました。『なんげえはなしっこしかへがな』は、自分なりの東北弁ふうな読みをして、楽しませてもらいました。

＊第二回＝五月一五日（木）――六冊
『すずめのおくりもの―ねこじゃらしの野原より』（安房直子　作　菊地恭子　絵／講談社）
『はなたれこぞうさま』（川崎大治　文　太田大八　絵／童話館出版）『どんどこ　ももんちゃん』『ももんちゃんどすこーい』『ももんちゃんのっしのっし』『かくれんぼももんちゃん』（とよたかずひこ　作・絵／童心社）
※安房直子のファンタジー世界、かわいいすずめたちと親切なとうふ屋さんの物語を味わってもらいたいと思いました。「ももんちゃん」シリーズはあかちゃん絵本ですが、子どもたちには大変受けました。「かわいい」の声がしきりにあがりました。

＊第三回＝六月一九日（木）――五冊
『わすれられないおくりもの』（バーレイ　作・絵　小川仁央　訳／評論社）『はるにれ』（姉崎一馬　写真／福音館書店）『せかいいちうつくしいぼくの村』（小林豊　作・絵／ポプラ社）『さよならさんかく』（安野光雅　著／講談社）『おおきくなるっていうことは』（中川ひ

ろたか　文　村上康成　絵／童心社）
※『わすれられないおくりもの』『はるにれ』『せかいいちうつくしいぼくの村』は、いま生きていることの幸せ、生きることのねうちなどを感じてほしいと思い読みました。『はるにれ』は、ことばのない写真だけの絵本です。『さよならさんかく』も楽しんでいるようでした。

＊第四回＝七月一七日（木）――一冊
『しらんぷり』（梅田俊作・桂子　作・絵／ポプラ社）
※自分だったらどうするだろうと聞いていたようです。多くの子どもが、おでんやのおじさんにひかれていました。

＊第五回＝九月二五日（木）――三冊
『パプーリとフェデリコ　1森にくらして　2海べで　3でっかい木』（バンサン　文・絵　今江祥智、中井珠子　訳／BL出版）
※この三部作は、すばらしい淡彩の絵が語る絵本です。生きるよろこび、ねうちは、物や金ではない、という著者のメッセージを受け取ってもらいたいと思いました。

《この本は、字がそんなに書いてないけど、絵でとてもじょうきょうがわかるようにかいてあって、とてもおもしろい。『でっかい木』で、フェデリコがはじめて泣いていて、とてもやさしい心の持ち主なんだなあと思いました。》（佐久間涼二）

＊第六回＝一〇月二五日（木）――二冊

『よあけまで』（曹文軒　作　中由美子　訳　和歌山静子　絵／童心社）『わすれられないおくりもの』（バーレイ　作・絵　小川仁央　訳／評論社）

※『わすれられないおくりもの』は六月の第三回に続いてですが、「死」をテーマにした作品を紹介したいと思いました。こんな感想を書いてくれました。

『よあけまで』には――

《おばあちゃんが死んでしまって、二人のまごがとりのこされてしまいました。お母さんやお父さんがいればいいけど、おばあちゃんしかいないから二人はすごくかなしみました。でも、最後はかなしみもあるけどもう働かなくてもいいんだ、もう自由なんだ！　と思ってくれてよかったです。》（水島怜美）

《だれかが死ぬことは、ほんとに悲しいことは知っていたけど、おつやまでやるとはすごい。子どもだけになるとはかわいそうだなあと思った。》（小幡智也）

『わすれられないおくりもの』には――
《あなぐまは、みんなに信頼されていていいなあと思いました。》（小池健之）
《あなぐまが死んでしまって、みんな最初は悲しんでいたけど、最後はみんなが楽しい感じになってよかったと思った。これからも、もぐらたちはみんな楽しくくらしていけると思います。》（水島千尋）
《アナグマは「長いトンネルのむこうに行っても、あまり悲しまないように」と言ったけど、アナグマとの思い出がたくさんあるみんなには、とてもできないことだと思う。最後にモグラはアナグマにさよならを言うことができてよかった。アナグマはきっと聞いてくれたと思う。ぼくにはそういう経験はないけれど、ぼくも悲しまないなんてことはできないと思う。》（茅野真也）

＊第七回＝一二月一八日（木）――二冊
『いちょうの実』（宮沢賢治　作　たかしたかこ　絵／偕成社）『バムとケロのさむいあさ』（島田ゆか　作・絵／文溪堂）
※『バムとケロのさむいあさ』は、とても楽しそうで、笑い声が絶えませんでした。子どもたちの中学生への旅立ちを少し意識しながら、賢治の作品を読みがたりました。

《いちょうの実は、いちょうの木からはなれるのはいやだと思っていたけど、はなれたあとのゆめをいっぱいもってよかったと思った。いちょうの木も、いちょうの実をはなすのはすごくかなしいことがわかった。》(田村洸平)

《いちょうの実が、いろんなことをはなしておもしろかった。北風のガラスマントという表現がきれいだった。朝日がとてもかがやいているのがよくわかった。このあと、いちょうの実はどうなったのかなあと思った。》(笹子夏実)

《ぼくは、この話を聞いて、いちょうの木とぎんなんは親子だったんだと思いました。ぎんなんの話し声がすごく、実際にいたらそんな話が聞こえるのかなと思いました。》(石井大地)

《この本はとってもいい本だった。なぜかというと、いちょうの実が助け合っていたからだ。宮沢賢治さんの本は、とってもいい本だと思いました。》(福原将平)

《このいちょうの実たちはえらいと思った。それは、まだ年が小さいのに旅をするのがすごいからだ。ぼくだったらたぶん無理だと思う。》(水島勇人)

＊第八回＝一月二二日(木)——三冊

『せかいいちうつくしいぼくの村』『ぼくの村にサーカスがきた』『せかいいちうつくし

い村へかえる』（小林豊　作・絵／ポプラ社）
※小林豊のすばらしい絵を通して、アフガニスタンや世界の現状に視野を広げてもらいたいと思いました。
《ミラドーが自分一人で村へ帰ろうとして、すごいなあと思った。途中で、たき火にあたらせてくれた人は、優しい人でよかったなあと思った。村へ帰っても人はいなかったけど、次の町でヤモに会えてよかったなあと思った。》（吉田拳多）
《「せかいいちうつくしい村へかえる」という新しいシリーズの本を読んでもらい、いい本だなあ、話がいいなあと思った。あのきれいだった村を、戦争ではかいされて、なんか悲しかった。でも、またヤモとミラドーとみんなが自分の村にもどって、そのはかいされた物をなおして、またもとのようにしてほしいと思った。ほんとうに、せかいいちうつくしい村だと思った。わたしもこの本がほしいと思った。》（石井真奈美）
《前の二冊は読んだことがあったけど、最後のは読んだことがなかった。ミラドーは、友だちのヤモにあえてよかったと思う。四冊目もできてほしい。》（佐久間大樹）

＊第九回＝二月二七日（木）――三冊
『うまやのそばのなたね』（新美南吉　作　かみやしん　絵／にっけん教育出版社）『はなを

くんくん』（クラウス　文　サイモント　絵　きじまはじめ　訳／福音館書店）『クマよ』（星野道夫　文・写真／福音館書店）

※最後の読みがたりです。思い出に残る作品を選びたいと思いました。『はなをくんくん』は私のとてもすきな作品です。

『うまやのそばのなたね』――

《絵がいろいろな色で書いてあってきれいだった。》（石井彩乃）

《絵がとてもきれいだった。春だなあという感じがした。》（石井真奈美）

《聞いていると、なぜかふしぎな感じになるとてもおもしろい本。子うまがうまれたら見てみたい。なの花がいっぱいさいてきれいだろうなあと思った。》（佐久間涼二）

《なの花があんなことを思っていたらおもしろいなあと思った。子うまを見てみたい気持ちがわかった。》（笹子夏実）

『はなをくんくん』――

《はなをくんくんしながら、花のところにくるのがたのしかった。》（石坂健志）

《いろいろな動物が冬みんをしてて、目がさめてから同じ行動をするのがおもしろかった。》（茅野啓介）

《森中の冬みんをしていた動物たちが、一輪の花がさいて、春がきたことを喜んでいるところがよかった。動物たちは、春が来たことを花に知らせてもらっているんだなと思った。そして、全ての動植物が関わり合って生きているんだと思った。》（茅野真也）
《とてもみじかいけどすごく春の感じがつたわった。》（水島怜美）
《いろんな動物がはなをくんくんさせて、最後に一つの花を見つけて春を感じた。》（宮部真弓）

『クマよ』――

《大自然の中で暮らすクマはすごく迫力があった。》（石井大地）

《サケをとる所がすごかった。最後のオーロラもきれいだった。》（茅野啓介）

《アラスカのクマ、すごく美しい景色が写真に写されていた。あんなクマの日常生活、きれいな景色を見たのは初めてでした。クマは恐いイメージがあるけど、写真で見るとクマはクマなりにやっぱり一生けん命生きているんだなあと思いました。自分自身が動物、原始人のような気持ちになるなんて、それほどクマのことを思って、自分とてらし合わせているんだなあと思いました。》（栗原雅典）

《星野さんのクマに対する気持ちがよくわかった。星野さんは、クマが好きだからとったのだと思う。でも、とっている時に「おそわれたらどうしよう」とか思わなかったのか不思議だった。》（下田康太）

《この本からは、いろいろとふしぎな感じが伝わってくる。今も、そのクマが僕たちと同じ時をすごしているというだけで、とってもふしぎな感じがする。》(渡辺雄大)

2 おじいさん、おばあさんへの読みがたり

二学期になると子どもたちに呼びかけて、学校から歩いて五分の所にある和田町の福祉施設「やすらぎ」に、希望者がお風呂に入りに来るお年寄りへ、読みがたりに行くことになりました。

次のような計画をたて、本選びと練習に私がかかわって進めました。

・行く日　　毎週木曜日の昼休み
・本選び　　前の週の金曜日
・読みの練習　　月曜日から木曜日の朝

校長先生も、学校のたよりや町の広報で子どもたちの活動を知らせてくれたりして、学校全体の取り組みとして行うことになりました。

子どもたちは、主にお年寄りのよく知っている昔話の絵本を選んでいました。人数の多いときも少ないときもありましたが、子どもたちは一生懸命練習してのぞみまし

た。「子どもの声を聞くと若返るよ」「うちには孫がいないから、みんなに読んでもらうとうれしいよ」などという声も聞こえるようになり、お年寄りが喜んでくれるので、子どもたちも張り合いが出てきたようです。卒業式までに、全員の子どもが参加して終わりました。この活動は、今年の六年生にも引き継がれています。

読んでもらうことと、自分で読みがたることを体験した子どもたち全員の感想を以下に紹介しましょう。

☺読み聞かせに平川先生が来ると、今日はどんな本を読んでくれるのかなあと楽しみでした。平川先生が読んでくれる本は、知らない本ばっかりでおもしろかったです。平川先生は絵本をたくさん読んでくれたのですごく楽しかったです。『さよならさんかく』の本を読んでもらった時は、おもしろい遊びだなあと思いました。『ゆうたはともだち』という本は、短い話だけどすごくおもしろかったです。（石井彩乃）

☺ぼくは、平川先生が本を読む時、いつもはじの方で聞いていました。でも、先生は「もうちょっと近くに来た方が見やすいから」と言い、先生のそばで聞きました。平川先生はいつも本を読む時、カバーをとりゆっくりとページをめくりながら話している。ぼくはよくわからないが、こうやって読んだ方がいいらしい。ぼくは、しばらく聞いていてわかった。相手が絵を見ながら聞いていると絵が少し見れないところがある。だから先生はページをゆっくり開いていたんだと思った。（石井大地）

☺わたしが読んでもらった中で、いいなあと思った本があります。それは、『せかいいちうつくしいぼくの村』です。とてもよかったです。最初は、読み聞かせかと思っていたけど、読んでもらって読み聞かせにきてもらうのが楽しみになりました。平川先生はいろんな本をたくさんもってきて読んでくれました。感動したり笑ったりいろいろでした。読んでもらうたびに、いろいろな感想をもったり、たくさんの思いをもったりしました。

やすらぎに読み聞かせに行った時は、読み方を教えてもらったり、アドバイスをしてくれました。そしてうまく読めるようになりました。その時は、うれしかったです。（石井真奈美）

☺ぼくは、平川先生に読み聞かせをしてもらい、いろいろなことを知りました。心に強くのこった本は、『せかいいちうつくしいぼくの村』のシリーズです。三冊の中で一番よかったのは、『せかいいちうつくしい村へかえる』です。せかいいちうつくしい村にかえって、だれもいなかった時かなしかったたです。自分でもう一度読んでみたいです。ぼくは、いつも伝記を読んでいて平川先生が読んでくれた本とちがいます。いろいろな本を読んでくれてありがとうございました。（石坂健志）

☺ぼくは、平川先生に本を読んでもらって楽しかった。一回休んで聞けないことがあったけど、ほかの日は休まなかった。とくに心にのこっている本は、『せかいいちうつくしいぼくの村』シリーズだった。『ゆうたはともだち』のシリーズもおもしろかった。犬のさんぽをする時に、人のほうがついていくというところがとくに楽しかった。ほかの本もおもしろいものばかりだった。平川先生が読んでくれたから、いろんな本のことがわかりました。（小幡智也）

☺ぼくは、読み聞かせに平川先生と一緒にやすらぎに行きました。行く、一、二週間ぐらい前から本を選び、練習してきました。ぼくは、本を読むのがあまり好きではありませんでした。しかし、練習していくうちに、少しずつ楽しくなっていきました。そして、読み聞かせに行きました。終わった後、なんかいい気持ちでした。ぼくはその時、人に本を読むというのがこんなにすばらしいことだと実感しました。そしてぼくは、二回目も行きま

した。やはり、なんかいい気持ちでした。（茅野啓介）

☺平川先生は、ぼくたちにたくさんの本を読んでくれました。そして、本の大切さを知り、ぼくは本に関心を持てるようになりました。また、やすらぎに読み聞かせに行くのも、先生にアドバイスなどをしてもらいながら練習したからできたことでした。自分が読み聞かせをして、初めて感じたこともたくさんありました。聞いてくれた人が喜んでくれているのを見ると、自分もうれしい気持ちになります。読み聞かせをすることが、こんなにいいことだとは思っていませんでした。平川先生に読み聞かせをしてもらっていなければ、出会えない本もたくさんありました。今でも心に残っている本がたくさんあります。平川先生に会ったことで、本で心が通じ合えるということもわかりました。平川先生に感謝しています。（茅野真也）

☺ぼくは、平川先生に読み聞かせをしてもらって、たくさんの本を知ることができてよかったです。ぼくが、一番心に残っているのが、『クマよ』です。身近では見られないような動物の日常生活を写真でとっている所は、すごいなあと思いました。たくさんのきれいな景色とクマ、なんかよく分からないけれど、心の底からすごいなあと思います。ぼくはこ

んなにすごい本に出会えて幸せです。(栗原雅典)

☺ぼくは好きな本だけ読んでいて、ほかの本を読んだりしようと思っていませんでした。しかし、平川先生が本を読みに来てくれて、ほかの本もいっぱい楽しいのがあることがわかりました。その中でも、ぼくがいい本だと思った本は『わすれられないおくりもの』です。ぼくは、平川先生が本を読みに来てくれなかったら、楽しい本など知らないでいたと思います。これからは、知らないたくさんの本を読んでみたいと思います。(小池健之)

☺ぼくは、平川先生といっしょにやすらぎに二回読み聞かせにいきました。最初、ぼくは練習がめんどくさくてとてもいやでした。でもやすらぎへ行って読み終わり、聞いてくれたおじいちゃんおばあちゃんのよろこぶ姿を見て、またやすらぎに読み聞かせに行きたいと思いました。ぼくが、平川先生に読んでもらってよかったのは、『せかいいちうつくしいぼくの村』シリーズです。(佐久間大樹)

☺平川先生が読んでくれた本の中でも一番心にのこったのは『クマよ』という本で、この本は写真を使った本でとてもおもしろい本でした。ほかにもいろいろな本を読んでくれてとてもうれしかったです。やすらぎに読み聞かせに行って、いろいろな人とふれあえてうれしかったたし、なによりいろいろな人に喜んでもらえてとってもうれしかったです。（佐久間涼二）

☺わたしは、平川先生の読み聞かせを聞いて、次はどんな話だろうと考えていました。読んでもらった中で、一番すきなのは『バムとケロのさむいあさ』です。とっても楽しい話だと思いました。アヒルがこおってるところが笑えました。ミイラになっているところはよくあそこまでしたなあと思います。やすらぎへの読み聞かせは、おじいさんやおばあさんが一生けん命聞いてくれてとてもうれしかったたし、練習はむずかしいところもあったけど、読めてよかったです。来年の六年生もやってほしいと思います。（笹子夏実）

☺ぼくは、平川先生に本を読んでもらうのがとても楽しみでした。それは、先生の読む本がとても楽しいし、読み方がとても聞きやすいからです。毎回、とても楽しい本を読んでもらうと聞いていてとてもおもしろいです。それに、先生は登場人物の気持ちになって読んでいるので、その人物の気持ちがとても伝わってきます。やすらぎに行くために、先生と本の練習をするのもとても楽しかったです。うまく読めると先生がほめてくれて、とて

もうれしい気持ちになれます。（下田康太）

☺ぼくは、やすらぎに読み聞かせに行きました。『ねずみくんねずみくん』というので、とてもみじかくて簡単な本でした。でもぼくには、それを読むのがすごく大変でした。でも平川先生がアドバイスをくれたりしたので、うまくできました。だから平川先生には、とても感謝しています。（田村洸平）

☺平川先生が読み聞かせにくる日を、いつも楽しみにしています。いつも楽しくておもしろい本を読んで、その人になりきっているのが先生のいいところだ、と思いながら聞いていました。ぼくは、今までで一番よかった本は、『はなをくんくん』です。その本がすごくおもしろくて楽しかったです。（福原将平）

☺平川先生に、おもしろい話や少し悲しい話などを読んでもらいました。どの話も私は好きです。中でも私が一番好きなのは『すずめのおくりもの』です。理由は、一回読んだことがあったけど、平川先生に読んでもらうと、自分で読むより本の内容がわかりやすい気がしたからです。ほかには、『いちょうの実』と『はなをくんくん』と『わすれられないおくりもの』が好きです。『いちょうの実』は、冬の季節のいちょうの旅立ちの様子がわかるからです。『はなをくんくん』では、冬眠からさめた動物たちについてよくわかったし、『わすれられないおくりもの』は、あなぐまが死んでしまっても、その思い出はずっと変わることのないすてきなおくりものだと思うからです。

平川先生に本を読んでもらっていると、その本が好きになっていくような気がするからもっといろんな本を読んでもらいたいです。（水島千尋）

☺ぼくはあまり本を読むのは好きではなかったけど、平川先生がいろいろな本を読んでくれたので、本を読むのが好きになりました。読んでもらった本の中で一番好きなのが、『わすれられないおくりもの』です。（水島勇人）

☺平川先生が読んでくれた本で、一番心に残っているのは『ぼくの村にサーカスがきた』です。すごく笑いたくなった本は『へっこきよめさ』です。平川先生が読んでくれた本はどれも本に書いてある文字が、絵もないのにかってに頭の中で絵になっていくという感じがしました。やすらぎで読むと聞いた時、大きな声で読まなくちゃとか、ゆっくり読まなくちゃとかいろいろなことを考えました。そして、すごくきんちょうしました。私は、

『かちかち山』と『ちびっこちびおに』を読みました。最初は声も小さく、最悪でした。だけど、平川先生からいろいろなアドバイスをもらって、少しうまくなってきました。本番当日、五人ぐらいのおばあさんの前で読みました。大成功とは言えないけど読めました。私は自分に自信がついてきたなあと思いました。平川先生ありがとうございました。（水島怜美）

☺私は、平川先生に読み聞かせをしてもらってよかったです。自分で読んだことのある本もあったけど、やっぱり自分で読むのと読んでもらうのとでは、ちがう感想が思いつきました。『クマよ』という本は、よくクマの近くまで行って写真をとったなあと思いました。『パプーリとフェデリコ』のシリーズが楽しかったです。

やすらぎに読み聞かせに行った時は、とてもきんちょうしました。練習が大変だったけど、聞きに来てくれた人が楽しく聞いてくれたのでよかったです。練習してよかったと思いました。（宮部真弓）

☺平川先生に、とてもおもしろくて楽しい本を、たくさん読んでもらってよかったなあと思いました。その中でとくにおもしろかったのは、『さよならさんかく』です。この本は前から読んでも後から読んでもよかったので、とても楽しかったです。

やすらぎへの読み聞かせも楽しかったです。初めは、きん張してなかなかうまく読めなかったけど、何回も行くうちにあまりきん張しなくなりました。行くたびに聞く人が増えて、ある日は、四〇人近い人達の前で読んでとてもきん張しました。朝の練習はとても大変でしたが、やすらぎに行くたびに、たくさんの人に聞いてもらってうれしかったです。

（吉田拳多）

☺平川先生の読む本は、どこかふしぎな感じがする。後で、その本を自分で読んでもそんな感じがわいてくる。ぼくは、本が好きな方だがこんなにふしぎがわいてくる本は少ないと思う。どうしてだろう。どうして、こんなにふしぎな感じのする本をえらべるのだろう。ぼくは、ふしぎでならない。ぼくも、少しでもいいからこんなふしぎな感じがする本を読んでみたい。ぼくは、しょうらい自分の家をつぎたいが、平川先生みたいに、小学校に行き本を読んであげる、そんなかっこいい人にもなりたいなあと思う。（渡辺雄大）

◈

子どもたちの書いてくれた感想を読んで、おどろき、そしてうれしくなりました。

それは、子どもたちが、私の思っていた以上のことを感じ取っていてくれた喜びでした。

子どもたちは、自分の思いを、飾らず素直に率直に述べています。心に残る作品として挙げているものをみても、それぞれが個性的でおもしろく、いろいろな作品を読んでよかったなあと思います。同時に、絵本（物語）と読者のかかわりの多様性を忘れてはならないと思いました。

読むときには、絵をゆっくりと見せること、書かれていることばの一語一語を、子どもたちの胸にとどけるように、気持ちを込めて、ゆっくり、はっきり読むように心がけました。上手な読みではありませんが、子どもたちは私の気持ちを受け止めてくれたようです。担任の庄司先生も、子どもたちといっしょに聞いてくれて、先生と子どもたちの気持ちがひとつになっていたように思います。

お年寄りへの読みがたりは、本番での読みを成功させ、お年寄りに喜んでもらうことを通して、読みがたる楽しさと自信をもってもらいたいと思いました。幸い、その願いはかなったように思います。

この一年の体験が、子どもたちにとって、自分で読む読書と読みがたりの楽しさを、さらに深めるきっかけになってくれればと思っています。

私自身が、子どもたちから多くのことを学んだ一年でもありました。

［元・千葉県安房郡三芳村立三芳小学校校長］

✻一つのブックリスト

このブックリストは、「一つのブックリスト」です。

ブックリストは、その作成者の、本に対する考え方、子ども観などが反映されます。また、その作品の作者、画家はもちろん、本作りの好みまで影響されます。ですから、作成者の数だけ、それぞれのリストが作られます。

この「一つのブックリスト」は、この本だいすきの会の実に多くの会員の実践を通して作られたものですから、大いに参考になると信じています。

一応、小学校三・四年生向き、小学校五・六年生向き、それを日本の作品と外国の作品に分けてありますが、これも一つの目安です。さきに作った『小学生への読みがたり読みきかせ《低学年編》』（高文研）のリストも参考にしてあなたの「リスト」を作っていってください。もちろん、実践記録の中の本も参考にしてください。

なお、子どもたちに読みがたりする時は、事前に何度か音読することがとても大切です。音読してみて、「これはいい」と納得した作品だけを子どもたちに伝えてください。

わたしたちのリストは、実践の積み重ねによって作り変えられていきます。あなたの実践もぜひお聞かせください。いっしょに、よりよいリスト作りをしましょう。

（小松崎　進／石崎恵子）

✧小学校三・四年生向け（日本の作品）

おこりじぞう　山口勇子作　四国五郎絵／新日本出版
オオカミのごちそう　木村裕一文　田島征三絵／偕成社
キャプテンはつらいぜ　後藤竜二著　杉浦範茂絵／講談社
キロコちゃんとみどりのくつ　たかどのほうこ作・絵／あかね書房
車のいろは空のいろ　あまんきみこ作　北田卓史絵／ポプラ社
元気がでる詩３年生　伊藤英治編／理論社
ことばあそび４年生　伊藤英治編／理論社
子どもに語るアジアの昔話　松岡享子訳／こぐま社
子どもに語るトルコの昔話　児島満子訳／こぐま社
子どもに語る日本の昔話　稲田和子・筒井悦子著／こぐま社
ごきげんなすてご　いとうひろし著／徳間書店
じごくのそうべえ　田島征彦作／童心社
じっぽ―まいごのかっぱはくいしんぼう―　たつみや章作／あかね書房
落語絵本じゅげむ　川端誠作／クレヨンハウス

くしゃみくしゃみ天のめぐみ　松岡享子作　寺島龍一絵／福音館書店

せかいいちうつくしいぼくの村　小林豊作・絵／ポプラ社

先生のつうしんぼ　宮川ひろ作　小野かおる絵／偕成社

龍の子太郎　松谷みよ子著　田代三善絵／講談社

小さな山神スズナ姫　富安陽子著　飯野和好絵／偕成社

ちびっこカムのぼうけん　神沢利子作　山田三郎絵／理論社

天使のいる教室　宮川ひろ作　ましませつこ画／童心社

ながいながいペンギンの話　いぬいとみこ作　山田三郎絵／理論社

菜の子先生がやってきた！　富安陽子作　ＹＵＪＩ画／福音館書店

なんだかうれしい　谷川俊太郎＋だれかとだれか作／福音館書店

花さき山　斎藤隆介作　滝平二郎絵／岩崎書店

ふしぎなかぎばあさん　手島悠介作　岡本颯子絵／岩崎書店

ふしぎな木の実の料理法―こそあどの森の物語―　岡田淳作・絵／理論社

星モグラサンジの伝説　岡田淳作・絵／理論社

北極のムーシカミーシカ　いぬいとみこ作　瀬川康男絵／理論社

ムジナ探偵局　富安陽子作　おかべりか画／童心社

目をさませトラゴロウ　小沢正作　井上洋介絵／理論社
モグラ原っぱのなかまたち　古田足日作　田畑精一絵／あかね書房
モチモチの木　斎藤隆介作　滝平二郎絵／岩崎書店
よい子への道　おかべりか作／福音館書店
るすばん先生　宮川ひろ作　菊池貞雄絵／ポプラ社
ルドルフとイッパイアッテナ　斉藤洋著　杉浦範茂絵／講談社

✧小学校三・四年生向け（外国の作品）

うごいちゃだめ！　シルヴァマン文　シンドラー絵　せなあいこ訳／アスラン書房
大どろぼうホッツェンプロッツ　プロイスラー作　トリップス絵　中村浩三訳／偕成社
くまのパディントン　ボンド作　フォートナム絵　松岡享子訳／福音館書店
3びきのかわいいオオカミ　トリビザス文　オクセンバリー絵　小玉知子訳／冨山房
白いりゅう黒いりゅう　賈芝・孫剣冰編　君島久子訳／岩波書店
せかいにパーレただひとり　シースゴール作　ウンガーマン絵　山野邊五十鈴訳／偕成社

シャーロットのおくりもの　ホワイト作　ウィリアムズ絵　さくまゆみこ訳／あすなろ書房
そばかすイェシ　プレスラー作　山西ゲンイチ絵　斎藤尚子訳／徳間書店
ちいさいおばけ　プロイスラー作　トリップ絵　はたさわゆうこ訳／徳間書店
小さい魔女　プロイスラー作　ガイラー絵　大塚勇三訳／学習研究社
ドリトル先生アフリカゆき　ロフティング作　井伏鱒二訳／岩波書店
長くつ下のピッピ　リンドグレーン作　桜井誠絵　大塚勇三訳／岩波書店
にじ　ルブレヒト文　ウィルコン絵　いずみちほこ訳／セーラー出版
のっぽのサラ　マクラクラン著　金原瑞人、中村悦子訳／徳間書店
火のくつと風のサンダル　ウェルフェル作　久米宏一絵　関楠生訳／童話館出版
魔女がいっぱい　ダール作　ブレイク絵　清水達也、鶴見敏訳／評論社
まんげつのよるまでまちなさい　ブラウン文　ウイリアムズ絵　まつおかきょうこ訳／ペンギン社
やかまし村の子どもたち　リンドグレーン作　ウィークランド絵　大塚勇三訳／岩波書店
わすれられないおくりもの　バーレイ文・絵　小川仁央訳／評論社

✬小学校五・六年生向け（日本の作品）

馬ぬすびと　平塚武二作　太田大八絵／福音館書店
裏庭　梨木香歩作　矢吹申彦絵／理論社
えんの松原　伊藤遊作　太田大八画／福音館書店
おじいさんのランプ　新美南吉作／岩波書店
学校うさぎをつかまえろ　岡田淳作・絵／偕成社
亀八　舟崎靖子著　かみやしん絵／偕成社
からすたろう　八島太郎文・絵／偕成社
銀河鉄道の夜　宮沢賢治作／岩波書店
銀のうさぎ　最上一平著　高田三郎絵／新日本出版社
銀のほのおの国　神沢利子作　堀内誠一絵／福音館書店
クヌギ林のザワザワ荘　富安陽子作　安永麻紀絵／あかね書房
くまって、いいにおい　ゆもとかずみ文　ほりかわりまこ絵／徳間書店
月神の統べる森で　たつみや章著　東逸子絵／講談社
けやきの森の物語　丘修三作　河村隆二郎絵／小峰書店

元気がでる詩5年生　伊藤英治編／理論社
鯉のいる村　岩崎京子著　岩崎ちひろ、東本つね絵／新日本出版社
木かげの家の小人たち　いぬいとみこ作　吉井忠画／福音館書店
ことばあそび6年生　伊藤英治編／理論社
算数病院事件　後藤竜二著　田畑精一絵／新日本出版社
鹿よおれの兄弟よ　神沢利子作　パヴリーシン絵／福音館書店
死の国からのバトン　松谷みよ子作　司修絵／偕成社
十三湖のばば　鈴木喜代春作　山口晴温絵／偕成社
12歳たちの伝説　後藤竜二作　鈴木びんこ絵／新日本出版社
しらんぷり　梅田俊作、佳子作・絵／ポプラ社
新版　宿題ひきうけ株式会社　古田足日作　久米宏一画／理論社
精霊の守り人　上橋菜穂子著　二木真希子絵／偕成社
1000の風1000のチェロ　いせひでこ作／偕成社
千の風になって　新井満文　佐竹美保絵／理論社
それいけズッコケ三人組　那須正幹作　前川かずお絵／ポプラ社
だれも知らない小さな国　佐藤さとる著　村上勉絵／講談社

小さいベッド　村中李衣著　かみやしん絵／偕成社
注文の多い料理店　宮沢賢治作／岩波書店
チョコレート戦争　大石真作　北田卓史絵／理論社
東京からきた女の子　長崎源之助作／偕成社
時計坂の家　高楼方子作　千葉史子／リブリオ出版
夏の庭　湯本香樹実作／徳間書店
西の魔女が死んだ　梨木香歩作／小学館
二分間の冒険　岡田淳著　太田大八絵／偕成社
のんびり転校生事件　後藤竜二作　田畑精一絵／新日本出版社
八郎　斎藤隆介文　滝平二郎絵／福音館書店
100万回生きたねこ　佐野洋子文・絵／講談社
ふたりのイーダ　松谷みよ子著　司修絵／講談社
冒険者たち　斎藤惇夫作　薮内正幸画／岩波書店
ぼくのお姉さん　丘修三著　かみやしん絵／偕成社
ぼくらは機関車太陽号　古田足日著　久米宏一絵／新日本出版社
ぼくの・稲荷山戦記　たつみや章著　林静一絵／講談社

魔女の宅急便　角野栄子作　林明子絵／福音館書店
まっ黒なおべんとう　児玉辰春作　北島新平絵／新日本出版
みみずのかんたろう　たじまゆきひこ文・絵／くもん出版
森へ　星野道夫文・写真／福音館書店
りかさん　梨木香歩作／偕成社

小学校五・六年生向け（外国の作品）

青空のむこう　シアラー著　金原瑞人訳／求龍堂
あなたがもし奴隷だったら　レスター文　ブラウン絵　片岡しのぶ訳／あすなろ書房
あのころはフリードリヒがいた　リヒター作　上田真而子訳／岩波書店
エーミールと探偵たち　ケストナー著　高橋健二訳／岩波書店
大きな森の小さな家　ワイルダー作　ウィリアムズ絵　恩地三保子訳／福音館書店
海底二万海里　ベルヌ作　ヌヴィル絵　清水正和訳／福音館書店
影との戦い　グウィン作　清水真砂子訳／岩波書店
風が吹くとき　ブリッグス作　さくまゆみこ訳／あすなろ書房
ギルガメシュ王ものがたり　ゼーマン文・絵　松野正子訳／岩波書店

くまのプーさん　ミルン作　石井桃子訳／岩波書店
くろねこのかぞく　P・ウィルコン文　J・ウィルコン絵　いずみちほこ訳／セーラー出版
クラバート　プロイスラー著　中村浩三訳／偕成社
シロクマたちのダンス　スタルク作　堀川理万子絵　菱木晃子訳／偕成社
宝島　スティーブンソン作　寺島龍一絵　坂井晴彦訳／福音館書店
種をまく人　フライシュマン著　片岡しのぶ訳／あすなろ書房
たのしい川べ　グレーアム作　シェパード絵　石井桃子訳／岩波書店
チョコレート工場の秘密　ダール著　田村隆一訳／評論社
月のしかえし　エイキン文　リー絵　猪熊葉子訳／徳間書店
デルトラ・クエスト　ロッダ作　岡田好恵訳／岩崎書店
点子ちゃんとアントン　ケストナー著　高橋健二訳／岩波書店
人形の家　ゴッデン作　瀬田貞二訳／岩波書店
はてしない物語　エンデ著　上田真而子、佐藤真理子訳／岩波書店
半分のふるさと　イ サンクム著　帆足次郎絵／福音館書店
秘密の花園　バーネット作　堀内誠一絵　猪熊葉子訳／福音館書店

ふたりのロッテ　ケストナー著　高橋健二訳／岩波書店

ぼくはくまのままでいたかったのに　シュタイナー文　ミュラー絵　大島かおり訳／ほるぷ出版

星の王子さま　テグジュペリ作　内藤濯訳／岩波書店

モモ　エンデ著　大島かおり訳／岩波書店

床下の小人たち　ノートン作　林容吉訳／岩波書店

ヨーンじいちゃん　ヘルトリング著　上田真而子訳／偕成社

ライオンと魔女―ナルニア国ものがたり―　ルイス作　瀬田貞二訳／岩波書店

ローワンと魔法の地図　ロッダ作　佐竹美保絵　さくまゆみこ訳／あすなろ書房

（リストの作品が品切れになった場合は、図書館などで入手してください。）

✸——あとがき

最近、六年生を担任しているある先生からこんな話を聞きました。

少し乱暴で、よくトラブルを起こす男の子が、読みきかせをしてやった『でんしゃにのって』と『ワニのバルボン』シリーズ（とよたかずひこ　作・絵／アリス館）を、給食の時間になると、教卓の近くに置いてある机の上から持って行って、そっと読んでいるそうです。そして、「この絵本読んでいると、なんだか知らないけど落ち着くんだよな」と言うのだそうです。

読みがたりは、低学年の子どもたちだけのものではない、ということをこの先生は実感されているようでした。

学年が上がるにしたがって、子どもたちは自分で本を読むようになっていきます。これが自然な姿でしょう。かつて、読みがたりは読書への橋渡しと捉えられていた時代があったと思います。いま私は、自分で読む読書と読んでもらって楽しむ読みがたりは、お互いにいい関係を保ちながら、並行していくものだと考えています。このことは、本書掲載の実践を通して納得していただけるものと思います。

高学年の子どもたちも、先生の読みがたりを待っています。

読みがたりをした後で、「自分で読んだときとは、違う感じがする」という子どもの声をよく聞きます。耳から心地よく入ってくることばに聞き入り、ゆったりと作品の世界を楽しむことができるからでしょうか。それに、教室で友だちといっしょに物語や絵本を読んでもらうと、喜んだり、悲しんだり、怒ったり…、友だちの感じていることもなんとなく伝わってきて、感情の共有ができるうれしさもあるようです。

高学年の教室でも、多くの先生方に子どもたちと読みがたりを楽しんでほしいと願っています。そのために本書が少しでも役立てば幸いです。

最後に、私たちの実践をいつも暖かく見守り、《低学年編》に続いて、本書を作りあげてくださった高文研のみなさんに、厚くお礼を申し上げます。

二〇〇四年九月

平川 政男

この本だいすきの会
1982年3月創立。子どもの本がすき、読みがたりをしている人、しようとしている人なら誰でも入会でき、全国に99支部を擁している。永年の活動で第43回久留島武彦文化賞・団体賞（2003年）を受賞。資料の請求は90円切手を同封の上、下記の事務局まで。
272-0034市川市市川1-26-15-3F　TEL・FaX 047-324-5033

小松崎進（こまつざき・すすむ）
1925年、茨城県生まれ。東京都で39年間小学校教師を勤め、現在、この本だいすきの会代表。編著書に『この本だいすき！』など多数。

平川政男（ひらかわ・まさお）
1936年、千葉県生まれ。千葉県で39年間小学校教師を勤め、現在、ちばこの本だいすきの会、この本だいすきの会安房支部代表。

石崎恵子（いしざき・けいこ）
1939年、東京都生まれ。東京都で38年間小学校教師を勤め、現在、この本だいすきの会わらべ唄研究部、部長。

小学生への読みがたり・読みきかせ［中・高学年編］

●2004年11月10日――――――第1刷発行
●2006年10月1日――――――第2刷発行

企画・編集／この本だいすきの会
小松崎進・平川政男・石崎恵子

発行所/株式会社　高文研
東京都千代田区猿楽町2-1-8　〒101-0064
TEL 03-3295-3415　振替00160-6-18956
http://www.koubunken.co.jp
組版/WEB D

印刷・製本／精文堂印刷株式会社

ISBN4-87498-322-7　C0037